À la vie à la mort

Catherine Ceylac
Avec la collaboration de Sophie Brugeille

À la vie à la mort

Flammarion

ISBN : 978-2-0814-2082-3

« Mon unique regret :
ne pas pouvoir assister à mes funérailles »,

Jean d'Ormesson, *Thé ou Café*,
le 20 septembre 2015.

Quelle escroquerie ! Quelle duperie !

Nous donner l'illusion à la naissance qu'on est invulnérable, que la vie est devant nous et qu'aucun obstacle ne viendra l'interrompre. Avec les années, on y prend goût, on la savoure. On est beau, jeune, plein d'enthousiasme et de certitudes. Les sens palpitent en nous, on découvre les plaisirs de l'amour, la beauté des corps, la sensualité du désir, on devient grand et, dans le monde des adultes, on apprend la bagarre, l'injustice, la duplicité, les défis et on va de l'avant !

Mais la vie est putassière parce qu'elle est envoûtante, crâneuse, virevoltante, elle se pavane, vous fait miroiter que vous êtes unique et pour toujours.

Seulement elle vous trompe car, un jour ou l'autre, elle vous lâche, elle vous trahit, vous avez beau l'implorer, elle se détourne de vous pour injecter son souffle à d'autres.

À la vie à la mort

Par peur de l'inconnu, du mystère, du vide abyssal, la mort, en Occident, est taboue, on en parle en baissant la voix, à demi-mot, de peur qu'elle nous contamine.

Des décès de proches, et notamment ceux de mes parents à trois mois d'intervalle, m'ont interrogée sur le sens de la vie avec une acuité décuplée.

Ainsi j'avais besoin d'entendre des femmes et des hommes pour lesquels j'avais de l'estime exprimer leur ressenti intime face à la mort.

Quatorze personnalités avec lesquelles j'ai tissé des liens de confiance grâce à *Thé ou Café*. Je les ai choisis pour leurs différences d'univers, d'idées, d'âge afin d'offrir aux lecteurs des témoignages bruts, sous forme de conversation sans artifices et sans pathos, et dans lesquels la vie est le fil conducteur.

C'est une ode à la vie que je vous propose.

CATHERINE CEYLAC

Jean-Louis Trintignant
Comédien

« Je suis mort »

C'est un mas en contrebas, à quelques kilomètres d'Uzès, dans une sorte de plaine cachée où les oliviers et les cyprès s'alignent comme autant d'ombres protectrices. La maison est vaste, allongée comme un corps plié, de plain-pied, dit-on. L'acteur y vit avec Marianne, ses livres, ses vins et ses amis. Il est fascinant, et, par son regard, vous donne le sentiment d'être unique. Toujours enclin à respecter les silences d'une conversation, toujours capable de traits d'esprit pour faire sourire et de sentences laissant à penser qu'il est désormais dans la contemplation de la vie qui va, et forcément s'en va.

Parler avec Jean-Louis Trintignant dans sa demeure ouverte sur les modestes reliefs de la campagne gardoise, c'est s'engager à pousser la porte des souvenirs, retrouver des visages et des moments où se mêlent plaisirs, séduction et extrême douleur. À la lecture de ses propos, on entend sa voix, sa manière de prononcer des mots banals, mais soudain si terriblement justes, sur la mort d'une enfant puis d'un autre et cette impossibilité de continuer à respirer comme avant…

*

Je suis mort le 1er août 2003, le jour où Marie est morte[1]. Aujourd'hui, à l'intérieur de moi, tout est détruit. C'est mon fils qui me l'a annoncé. Moi, je ne voulais pas le croire. Elle était dans le coma, je disais : « Mais non, elle va s'en sortir, il y a des tas de gens dans le coma qui s'en sortent… » On m'a dit : « Il faut lui parler », j'ai obéi, mais j'ai eu l'impression qu'elle ne m'entendait pas. Depuis ce jour, tout ce que j'ai fait, tout ce que j'ai dit, n'a pas grand intérêt.

Il y a deux choses importantes dans la vie : c'est naître et puis mourir. Naître, on ne choisit pas, tandis que mourir on peut choisir. Mais la plupart du temps on ne le fait pas, car c'est délicat, de décider de mourir.

Moi, quand j'étais petit je me suicidais souvent. Mais je me suis toujours raté. Peut-être qu'au fond,

1. Marie Trintignant est morte sous les coups de son compagnon, Bertrand Cantat, à Vilnius où elle tournait un téléfilm réalisé par sa mère, Nadine Trintignant.

je n'avais pas envie de mourir. Enfant, adolescent, j'ai fréquemment pensé à la mort. Je me souviens d'avoir perdu un camarade de classe, il avait dix ou douze ans, c'était ma première confrontation avec la mort et ça m'avait beaucoup touché. J'avais envie de mourir parce que je trouvais la vie… enfin ça ne me plaisait pas… Mes parents étaient gentils, mais ça ne me plaisait pas…

Cette sensation m'a quitté à vingt ans, quand j'ai découvert une vie nouvelle. Et puis après, plus tard, il y a des tas de moments que je n'ai pas aimés dans ma vie et que je n'aimerai jamais.

J'ai fait beaucoup de course automobile, et pourtant je ne pensais pas aux risques. Dans ces moments-là, on ne pense qu'à finir la course, même si on n'est pas premier. J'ai eu de gros accidents, à plus de trois cents kilomètres à l'heure, mais je ne pensais pas à la mort. Je ne peux pas dire que j'ai frôlé la mort. Un jour, aux 24 Heures du Mans, j'ai tapé dans la ligne droite, j'ai éclaté un pneu, mais heureusement je n'ai pas tapé le rail de face. J'ai traversé six fois la route, en perdition. La seule chose à laquelle j'ai pensé, c'est couper l'électricité car j'avais peur de brûler vif. Ça m'a sauvé, je crois.

Au cinéma, j'ai aimé incarner des gens mourants, c'est souvent plus intéressant, même si c'est difficile et douloureux. Pour mourir à l'écran, il faut se faire mal à soi-même. C'est un geste très important, définitif, et on n'y arrive pas comme ça, après avoir bu son café et fumé sa cigarette. Même si c'est un jeu… Surtout si c'est un jeu. C'est d'ailleurs ce qui m'a plu dans le métier de comédien : pouvoir mourir, et pouvoir continuer. Alors qu'en général, quand on meurt, c'est définitif.

Récemment, j'ai dit à un journaliste : « Moi, j'ai vécu toute ma vie en ayant peur du cancer, maintenant je n'ai plus peur, je l'ai. » Ce n'est pas du cynisme, c'est vrai, j'ai été obsédé par le cancer toute ma vie, j'ai perdu mon frère de cette maladie à quarante et un ans, ça m'a beaucoup touché, bien avant la mort de ma fille.

Marie est morte il y a quatorze ans, elle s'est fait battre par l'homme qu'elle aimait jusqu'à mourir. Et, avec le recul, je me dis que c'était une forme de suicide, que si elle avait refusé de mourir de ça, elle serait partie pendant la dispute et revenue deux heures après. Peut-être. Je ne sais pas, je pense que c'est une façon de se laisser aller à mourir, qu'elle est passée par un moment de désespoir où l'on ne croit plus en rien. Elle tournait à l'étranger, à Vilnius, en Lituanie, je devais venir la retrouver ce soir-là et je ne suis pas venu. C'était un grand voyage en voiture, quatre ou cinq jours. Peut-être a-t-elle été désespérée ? Je ne dis pas que c'est à cause de ça, mais c'est peut-être de ma faute : si j'avais été présent ce soir-là, elle ne serait sans doute pas morte. Cette culpabilité me pèse beaucoup, parce que je suis presque sûr d'avoir raison. J'en ai parlé avec un de ses fils, son aîné, et nous nous sommes fâchés. Il n'a pas voulu entendre que nous avions tous une responsabilité.

La mort d'un enfant est insupportable. J'ai perdu deux filles. Avant Marie, j'avais perdu Pauline, à l'âge d'un an. Je tournais un film en Italie, *Le Conformiste* de Bernardo Bertolucci. Et puis il y a eu ce moment, où je suis allé la voir dans son berceau, elle était froide, alors j'ai traversé Rome pour l'emmener à l'hôpital, je me souviens que tout le monde s'écartait pour me laisser passer. C'était incroyable, un type m'a pris en voiture, il m'a dit : « Montez, montez » ; c'était très beau... Les Italiens sont merveilleux, ils ont un côté voyou, filou, mais ils ont cette générosité-là.

Quand je suis arrivé à l'hôpital, ils ont essayé de réanimer ma fille, mais elle était morte. Après ça, il a bien fallu continuer à tourner.

J'ai un peu honte parce que moi je peux en parler quand on me tend un micro, alors que d'autres ont vécu la même chose sans qu'on leur donne autant d'importance.

J'aime bien ma vie, j'aime lire, j'aime écouter, mais je suis mort. J'aime tous les auteurs, chanteurs, metteurs en scène qui parlent de la mort. Ils m'intéressent plus que les autres. C'est en cela que je préfère Shakespeare à Molière. Brassens, aussi, parle formidablement de la mort. Je ne cherche pas à défier la mort, mais c'est un sujet formidable, une des choses les plus importantes qu'on puisse connaître. Moi, je sais que je vais me suicider. Pas tout de suite, peut-être jamais, mais enfin si, si, si… Un auteur, je ne sais plus lequel, a dit : « Il y a tellement peu de choses à dire, et il y a tellement peu de gens à qui on peut dire ces choses, ça fait beaucoup de silence… »

Je ne sais pas comment on se suicide, puisque je me suis toujours raté. C'est difficile. En tout cas, je ne voudrais pas souffrir avec une maladie, des tuyaux partout, non, je ne voudrais pas ça. Mais je ne voudrais pas non plus être surpris, parce que c'est un moment important, et j'aimerais mourir en bonne santé. Je ne souhaite pas une mort spectaculaire, mais une mort efficace. Le problème, maintenant que je suis impotent, c'est que je ne pourrais pas, par exemple, monter tout en haut de la tour Eiffel et me jeter dans le vide. Quoique, il y a des ascenseurs…

Je n'ai pas laissé de consignes à mes proches, j'essaye de les convaincre qu'ils auront tort d'en souffrir. Ils prendront peut-être la chose gravement, mais, au fond, mourir n'est pas grave.

Je reste attaché à la vie pour tous les moments merveilleux, mais enfin il y en a de moins en moins, et puis surtout, à mon âge, on perd beaucoup de proches. Ça me touche, tous ces gens qui disparaissent. Ça n'arrive pas quand on a trente ans.

Dans notre société, on cache la mort, on devrait en parler plus simplement. C'est nous qui avons fait de la mort un drame épouvantable, mais ce n'est pas si dramatique que ça, on est fait pour ça, pour vivre et pour mourir.

Quand je mourrai, je ne veux pas d'un enterrement avec beaucoup de gens. Je ne veux que ceux qui ne pourront pas s'empêcher de venir, pas les autres. Je ne veux pas qu'on se force. Plus que les enterrements, je préfère qu'on parle des morts, des gens qu'on a connus, mais pas d'une façon triste et désespérée. Dans *Hamlet,* Shakespeare définit la mort comme « cette contrée de laquelle nul voyageur n'est jamais revenu »... On ne sait pas ce qu'il y a après. Moi je pense qu'après il n'y a rien. C'est comme le sommeil, on ne pense plus à rien. Mais enfin, lire sur le sujet n'apaise pas. Ce que j'aimerais beaucoup, c'est que quelqu'un qui est passé au-delà m'explique qu'on y est bien. Un poème de Clément Marot dit : « Ce ne sera pas nul car je vais préparer votre place… » Cette idée me plaît beaucoup.

Je communique avec mes morts, à ma manière. J'ai fait un spectacle de poésie en pensant vraiment à Marie et quand je récite, je lui parle. J'aimerais bien qu'elle me dise si c'est bien ou non, après la vie. Mais elle ne me le dira pas… J'ai fait beaucoup de choses en pensant à elle. J'ai connu un poète canadien qui a écrit toute sa vie le même poème, *Marche à l'amour*, et il l'a écrit à la même femme, qui est sûrement morte avant lui, et quand je lis ce poème je pense à ma fille. Elle est souvent dans mes rêves, et dans mes cauchemars. J'ai peur de m'endormir à cause de cela. Je la vois. J'ai connu le plus grand amour de ma vie avec elle. C'était très fort.

Mes parents, je ne me rendais pas compte de leur importance quand ils étaient vivants. J'ai des regrets, je n'étais pas assez gentil avec eux.

Un jour, un psychiatre rencontré pour préparer un rôle m'a demandé ce que je lisais, ce qui m'intéressait. Et j'ai compris que j'avais un goût pour les choses tristes. Si on est né optimiste, soyons-le, si on est né pessimiste, restons-le aussi. Je le suis.

Quand je serai vraiment mort, peu importe ce que deviendra mon corps, puisque la vie l'aura quitté. Mais j'aimerais que l'on dise de moi que j'étais gentil. J'aime ce mot. Mon père est mort à quatre-vingts ans et c'était un homme honnête, très honnête. Et je pense qu'à notre époque le mensonge est devenu un défaut mineur. On dit je suis gourmand, je suis menteur, comme si c'était sur le même plan, alors que si on ne mentait pas, la vie serait bien meilleure. J'ai souffert du mensonge des autres dans ma vie personnelle et professionnelle. On dit toujours que les comédiens sont des menteurs, mais c'est faux. Les bons comédiens ne sont pas des menteurs. Ça leur coûte, même, de penser certaines choses.

Je suis un raté. J'ai raté beaucoup de choses. J'aurais voulu faire un métier différent, mais les études m'ont fait peur. J'aurais voulu être médecin et m'occuper des autres, mais je n'ai pas eu le courage de sacrifier dix ans de ma vie. Au final, le théâtre m'a pris autant de temps d'apprentissage.

Je n'aurais pas aimé écrire, j'ai essayé mais je n'avais pas le talent. Je suis plus un interprète.

Je travaille à partir de ce qui est déjà écrit. J'aime l'idée d'être un passeur.

J'ai écrit un seul poème dans ma vie :

Elle avait un chien, et moi j'aimais son chat, je lui ai donné le choix entre son chien et moi, elle a choisi son chien, et j'ai perdu son chat.

Je ne sais pas comment ça m'est venu, c'est un peu autobiographique, sans l'être, j'ai un peu arrangé la vérité… Non, mais j'ai été très heureux, la vie pourrait s'arrêter, ce ne serait pas si terrible que ça. Le problème, c'est que je suis un peu comme les enfants qui ont l'impression qu'ils vont louper quelque chose s'ils ne sont pas là. Avec la mort, c'est pareil. J'ai peur de manquer des événements, et qu'on pense : « Tiens c'est dommage il n'a pas connu ça. »

Avec l'âge, les nerfs s'attendrissent, comme disait Baudelaire. Mais je ne pleure pas trop. Je fais la gueule, des fois…

J'aime beaucoup *La Chanson du petit hypertrophique*, de Jules Laforgue :

C'est d'un'maladie d'cœur
Qu'est mort', m'a dit l'docteur,

Tir-lan-laire !
Ma pauv'mère ; Et que j'irai là-bas,
Fair'dodo z'avec elle.
J'entends mon cœur qui bat,
C'est maman qui m'appelle !

Et ce poème de Prévert, aussi :

La vie est belle
Je me tue à vous le dire
Dit la fleur
Et elle meurt.

Isabelle Autissier
Navigatrice et Écrivaine

« À la toute fin, je voudrais être seule »

Elle se bat, elle s'est toujours battue. Contre les éléments naturels, le vent, la mer, les tempêtes. Elle a été une des premières navigatrices à rivaliser avec ses homologues masculins. Ses amis, ses semblables, des marins aussi tannés qu'elle par le sel et les soleils de toutes les latitudes, ont parfois été engloutis par ces océans qu'ils entendaient dompter. La mort n'est pas une inconnue pour Isabelle Autissier, pas plus que les folies des hommes qui gaspillent la planète. Engagée, solide, pleine de la tendresse nécessaire à qui veut aimer l'âme humaine sur toutes les côtes, elle a été confrontée à des réalités que nous ne pouvons imaginer. Ses paroles sont empreintes d'une pudeur belle comme le sont les âmes de ces conquérants d'inutiles records de traversées houleuses entre ouest et sud, entre nord et est…

*

À la vie à la mort

La mort, c'est quelque chose de très violent. Phonétiquement, le mot est tout petit mais c'est tout grand. Je me rends compte que c'est un mot tabou, on ne l'emploie pas, on dit : « disparition », « il est parti », on utilise beaucoup d'euphémismes, on ne dit pas : « Il est mort. »

J'ai pris conscience de la mort assez tôt, car j'ai vécu en tribu avec des personnes âgées, avec mes grand-mères et mes grand-tantes. C'était à Saint-Maur, en banlieue parisienne. Je devais avoir environ dix ans quand la première est morte. Je me souviens d'avoir vu la maladie, d'avoir vu maman les soigner, s'occuper d'elles. Elles ont été « mes premiers enterrements ».

J'ai vu leurs dépouilles car tout se passait à la maison. On ne laissait pas les enfants traîner dans la chambre, mais on y entrait tout de même pour le dernier hommage. Je les ai embrassées. Mais quand on est petite, comme ça, la mort a un côté théorique. Je n'ai pas eu de répulsion particulière, la dépouille est là, après elle n'y sera plus, c'est comme ça que le vivaient mes proches, donc moi aussi. Pour la génération d'avant, la mort faisait beaucoup plus partie de la vie, sans doute à cause de la guerre. C'était une notion plus familière. Il y avait une simplicité, une proximité plus grande.

La mort qui m'a le plus touchée, c'est d'abord celle de Gerry Roufs, le navigateur canadien disparu en mer pendant le Vendée Globe en 1997. À un moment, on est au milieu de l'océan Pacifique, nos deux bateaux sont relativement proches, on se bagarre là-dedans, on s'échange des messages, on s'encourage. Il plaisante. Il me dit : « Les vagues, ça ressemble à des pistes de ski sauf que ce n'est pas de la neige. » Ce sont ses derniers mots pour moi et puis il disparaît.

Il ne répond plus, et comme je suis la moins éloignée de lui, on m'envoie pour aller le secourir, alors je retourne sur le lieu. La compétition, dans ce genre de situation, c'est d'abord de la solidarité. J'y retourne, mais enfin l'océan est immense, je ne trouve pas le bateau, il a peut-être coulé, dérivé, on cherche on ne sait pas quoi, on ne sait pas où. Ça dure plus de deux jours. Et là, je sens l'impuissance. C'est insupportable. Je me dis qu'il est peut-être dans une situation critique, qu'il a peut-être besoin d'aide et moi je me heurte au mur qui s'appelle la mort. Je ne peux rien faire de plus. On retrouvera son bateau deux ans plus tard, il s'était retourné. Si sa mort m'a autant marquée, c'est que, jusque-là, la mer était pour moi un lieu de passion, de bonheur, parfois de bagarre, mais jamais un lieu de mort. Je connaissais les risques de naufrage, mais je n'en avais pas l'expérience. La mer était un territoire de la vie et tout d'un coup elle est aussi devenue celui de la mort. Elle est devenue hostile. La course au large était un jeu puis, là, ça devenait autre chose. Et le fait que le corps ne soit pas retrouvé empêche de matérialiser la mort. On a besoin d'un « objet » autour duquel faire le deuil, exprimer des choses, vivre une émotion collective... La compagne de Gerry s'accrochait à l'espoir qu'il était peut-être vivant quelque part, elle voyait des radiesthésistes qui la confortaient dans cette idée, elle faisait faire des dessins à leur fille pour « quand papa reviendra ». Je ne suis pas sûre que c'était la bonne solution, mais c'est si difficile. Je l'ai vécu plus mal que lorsque j'ai moi-même été en situation de danger.

En course en solitaire, j'ai frôlé la mort deux fois. La première, le bateau a fait un tonneau et je suis restée quatre jours sans mât, sans gouvernail, sans cabine... J'étais loin, au sud de l'Australie, je me disais qu'on ne pourrait peut-être pas venir me sauver. Ma conclusion, c'est qu'il y a vraiment un hémisphère droit et un hémisphère gauche dans la tête. Un qui dit : « Oh là là, mauvais plan, ça va s'arrêter » et l'autre qui dit : « Le bateau est plein d'eau alors tu prends un seau et tu le vides. » En ce qui me concerne, c'est toujours le deuxième qui a pris le dessus. Face au danger, je fais quelque chose, je ne suis pas juste là à avoir peur, je fais ce qu'il faut pour survivre. Les mauvaises pensées arrivent, bien sûr, mais plus tu es actif, plus tu es dans la vie, plus elles s'éloignent. « Quand j'aurai fini de vider le bateau, je construirai une tente ici, et peut-être que je vais voir un avion, alors il faut que je réfléchisse à comment me signaler… » Il y a une projection sur demain qui tient à distance l'idée de la mort. Alors oui ça peut mal tourner, mais ça peut aussi bien se terminer. Je pense souvent à Thierry Dubois, qui, à mille bornes de la terre, s'est retrouvé dans l'eau, à la nage, à la tombée du jour… À chaque fois qu'il faisait une brasse, il se disait : « Je suis encore vivant. » La projection mentale sur la vie, sur le combat que tu mènes, tient à distance l'angoisse de la mort. Il a été sauvé.

Mes deux expériences avec des risques avérés, je ne les ai pas gardées pour moi, j'en ai beaucoup parlé avec mes équipes, ce sont des moments forts de ma vie, et les partager m'a permis de les apprivoiser. Ça fait partie de toi et pour que ça fasse partie de toi, il ne suffit pas de l'avoir vécu, il faut le décortiquer et le partager. Il faut partager la naissance et la mort, car nous sommes tous concernés. Nous sommes des animaux sociaux, nous avons besoin de communion, au sens large.

J'ai été élevée dans la religion catholique, mais je n'ai pas la foi. À partir de quinze ans, j'ai commencé à trouver que tout cela n'était pas très sérieux. Je pense que la religion a été inventée pour des raisons de pouvoir, des critères socio-politiques qui permettent d'encadrer la société. C'est aussi une façon de tenir la mort à distance.

Pour nous qui décidons d'aller faire une course en solitaire, l'appréhension de la mort est différente : on sait qu'on va au-devant de risques. On a fait tout un travail sur nous en amont, on sait que c'est une possibilité, on n'est pas pris au dépourvu. Après la disparition en mer de Gerry Roufs, par exemple, j'ai développé des outils avec mon équipe pour le cas où il m'arriverait la même chose. Je me suis préparée au fait que mon bateau puisse se retourner. Cela m'a servi. Le fait d'avoir anticipé une situation aide à l'appréhender au mieux, contrairement à l'accident de voiture qui survient alors que tu roules tranquillement, un jour comme un autre…

C'est ce dont a été victime mon préparateur numéro un au Vendée Globe. Nous étions très proches, j'étais la marraine de son bébé. Trois semaines après la course, on décide d'aller passer une semaine à la montagne. Nous partons tous, chacun de notre côté. Lui, sa femme et le petit ne sont jamais arrivés. Sur la route, ils ont eu un accident et sont morts tous les trois. Cela a été épouvantable, c'était vraiment inacceptable, je me souviendrai toute ma vie de cette église avec les deux grands cercueils et le petit cercueil du bébé au milieu. On était tous là, évidemment, on a pleuré, mais quelque part, à la différence de la cérémonie de Gerry Roufs, où il n'y avait pas de corps, ce recueillement à ce moment-là, cette émotion collective avec les familles, les équipes, autour de leurs trois cercueils, ont permis un travail d'appropriation.

Je vis « doublement » depuis la fin de mon premier tour du monde, car c'était mon rêve de petite fille. En revoyant la baie de Newport, au terme de cette aventure, une pensée m'a traversée : « Maintenant, la vie, c'est du bonus. » J'avais rempli le contrat vis-à-vis de la petite fille que j'étais. C'est incroyablement désinhibiteur. Tu n'as plus rien à prouver à personne, tu as fait le job. À partir de ce moment-là, tout pouvait s'arrêter n'importe quand. C'est la raison pour laquelle, par rapport à la moyenne des gens, j'ai très peu de barrières pour tenter des choses.

Je ne crois pas à la vie après la mort. On meurt, ça se finit, notre conscience se dissocie. Plus de cerveau qui marche, donc plus de conscience. Notre corps se dissocie également et voilà c'est fini. Si j'étais poète, je dirais que mes atomes vont partir nourrir les petites plantes qui elles-mêmes vont nourrir je ne sais quoi… Pourquoi pas… Mais je n'ai pas besoin de tout ça, je n'ai aucun souci à penser que ça s'arrête totalement. L'éternité, elle est avant et après. On n'est pas équipé pour comprendre ce qu'est le temps. Notre cerveau, en tout cas jusqu'à maintenant, ne peut pas comprendre l'infini du temps… D'ailleurs on ne sait pas si c'est infini. Tout cela me dépasse, mais ne me tétanise pas du tout. Je peux être angoissée parce que je n'ai pas envie de quitter la vie et les gens que j'aime, mais ce qu'il y a après ne m'inquiète pas, puisque je pense qu'il n'y a rien ! Ma pensée, qui est due à des mécanismes physicochimiques, s'arrêtera. Tout simplement.

Je ne fais pas appel à « mes morts », mais je les évoque beaucoup. Je ne marchande pas avec le Bon Dieu car, encore une fois, je pense profondément que les êtres que j'ai aimés et qui ont disparu n'existent plus que dans ma mémoire et celle de ceux qui les ont connus.

Il y a trois ans, ma maman est décédée. Elle vit dans mes émotions, j'ai un joli portrait d'elle quand elle était jeune femme sur mon bureau, j'aime le regarder. À quatre-vingt-dix ans, elle était très malade, et elle est morte parce que la machine était au bout du rouleau. Elle n'a pas eu une fin de vie très heureuse, car elle est restée grabataire pendant un an et demi. Elle déclinait, mais il y a un ordre des choses. Ce n'est pas comparable avec ceux qui perdent un enfant. Ça, on ne s'en remet jamais.

Je n'ai jamais pensé au suicide. J'ai eu des chagrins et des coups durs, mais je suis toujours restée optimiste. Le suicide, c'est le fruit d'une vraie souffrance, je ne sais pas jusqu'où il y a des processus chimiques et physiques qui y prédisposent. Mais, dans certains cas, je comprends qu'on puisse ne plus avoir envie d'appartenir à la communauté des hommes. Quand on lit des récits de gens qui ont connu la torture, ceux qui sont revenus des camps de concentration… C'est une forme d'épuisement mental. Peut-être que moi aussi à leur place je n'aurais plus envie de me battre. Mais je crois que beaucoup de personnes se suicident « sans le faire exprès », enfin je veux dire que c'est un appel au secours, à la vie, mais – manque de bol – ça marche. Je pense à un copain dont je ne m'explique pas du tout le geste, il avait une vie équilibrée, un chantier naval, une femme, une fille, et il s'est pendu sur son chantier. Même son épouse n'avait pas pensé une seconde qu'il pouvait se suicider. C'était certainement un appel au secours raté.

Au fond, j'ai une relation assez sereine avec la mort. J'ai eu la chance que mes grand-mères ou même maman me disent de leur bouche qu'elles étaient prêtes. Un jour, dans la voiture, alors que j'emmenais ma grand-mère refaire sa carte d'identité, elle m'a dit très tranquillement : « Celle-là, c'est la dernière. » L'air de dire, ça va, quoi. Quand on entend ça dans la bouche des gens qu'on aime, on leur dit : « Mais non, qu'est-ce que tu racontes… » Pourtant on sent qu'il y a une sorte d'acceptation, de consentement, qui veut dire qu'ils seront moins dans la souffrance, et c'est rassurant.

De maman, il me manque le regard bleu, la voix, une générosité fondamentale… Elle parlait à tout le monde, elle aimait tout le monde, la maison était pleine en permanence, elle accueillait et écoutait beaucoup les gens. Mon père était comme ça aussi. Aujourd'hui, il a quatre-vingt-quatorze ans et est très fatigué. Je n'ai jamais entendu de jugement sur les autres, mes parents ont toujours été extrêmement ouverts. Tolérants. On a accueilli des Cambodgiens, des Polonais, ils restaient parfois un an, c'était un peu la maison du Bon Dieu. Sociologiquement, ils étaient de bons bourgeois – papa était architecte –, ils auraient pu être extrêmement conventionnels et ils ne l'étaient pas. C'est sûrement un cadeau qu'ils nous ont fait.

En revanche, ils sont d'une génération pudique. On ne parlait pas de soi, de ses problèmes, de ses sentiments, il fallait être d'humeur égale.

Mais, avant de mourir, maman m'a dit qu'elle m'aimait et j'ai pu le lui dire aussi.

Elle ne m'a jamais raconté sa vie. On a demandé à papa, il y a trois ans, de raconter ce qu'elle était avant lui, et il en a été incapable. Pas par manque de mémoire, mais parce qu'en soixante ans ils n'avaient jamais parlé de ce qu'il y avait eu avant. C'est incroyable, c'est un état d'esprit.

À l'enterrement de maman, il y avait beaucoup de gens qui l'avaient aimée, c'était chaleureux et humain. On était tous en lien avec elle, on a pleuré, ri, on s'est retrouvés avec des gens de la famille qu'on n'avait pas vus depuis longtemps, une forme de fête, finalement. C'est la vie. J'aime les enterrements à l'africaine, où on se marre et où l'on parle des heures de la personne qui est morte en se souvenant de ce qui était heureux.

En littérature, j'aime faire mourir mes personnages, c'est essentiel ! Dans mon dernier livre, *Soudain seuls*, une grande partie de l'histoire se joue là-dessus. Le duo vie/mort est un personnage à lui tout seul. À chaque fois que je fais mourir l'un d'eux, je suis un peu navrée mais je n'ai pas le sentiment de régler des problèmes à travers la littérature. Évidemment, j'écris autour de thèmes qui me sont chers et que j'ai envie de partager, mais ce n'est pas de la psychanalyse. Enfin, je ne pense pas.

La mort idéale ? J'aimerais être consciente. Je détesterais… enfin je détesterais, façon de parler… Disons que je n'aimerais pas ne pas m'en rendre compte. Je n'aimerais pas trop souffrir, bien sûr. Mais je n'aimerais certainement pas mourir dans mon sommeil, car j'aurais l'impression d'avoir raté quelque chose.

J'aimerais être entourée avant, mais je pense qu'à la toute fin, je voudrai être seule. Au moins les dernières minutes, parce que ça m'appartient, c'est à moi. Je ne sais pas ce qui me viendra à l'esprit, mais je pense que ce seront des pensées importantes. Juste pour moi. Bon, après, je dis ça, mais je vais peut-être me faire écraser en sortant d'ici ! Quoi qu'il arrive, j'aimerais que mes proches retiennent de moi les combats que j'ai menés, les bonheurs que j'ai eus, la façon dont j'ai vécu… Qu'ils oublient les moments où j'ai été lâche ou idiote… Ce n'est pas essentiel, puisque je ne serai plus là pour le savoir ! (Sourire.)

Gaël Faye

Chanteur, Auteur, Compositeur et Écrivain

« Les morts ne sont pas morts »

Il est beau. Il parle doucement. Il emploie avec précaution des vocables qui, sortant de sa bouche, impressionnent par leur puissance. J'avais lu et aimé son livre Petit Pays, *prix Goncourt des lycéens en 2016. Écrivain venu du monde musical à travers des textes de rap ou de slam, il a soudain imposé son récit personnel comme un devoir d'une mémoire collective occidentale trop vite oublieuse d'un génocide commis au Rwanda, le pays de sa mère. Né au Burundi, Gaël Faye livre via la musique et l'écrit une histoire de l'humanité où les massacres, les morts, les cadavres se comptent par milliers.*

Il a la pudeur de sa génération, marquée par cette effroyable extermination d'une ethnie par une autre. Né en 1982, c'est le plus jeune de mes interlocuteurs. Sur un plateau de télévision, il impressionne par son aisance tranquille et sa capacité à user des meilleurs mots pour dire ce qu'il est. Dans l'entretien qui suit, Gaël Faye démontre avec ce même ton qui lui est si personnel sa capacité à réfléchir sur l'indicible et le sens du pardon…

*

Mon premier souvenir de mort, c'est un accident de voiture en face de chez moi, à Bujumbura, quand j'étais petit. Je devais avoir cinq ou six ans. Un cycliste s'est fait renverser par un minibus. La route sur laquelle c'est arrivé est très célèbre au Burundi, elle longe le lac Tanganyika jusqu'en Tanzanie, et elle est très dangereuse. Je me souviens de l'attroupement, comme c'est souvent le cas dans la région, au Burundi et au Rwanda : les gens arrivent, et ils restent là, autour du corps, ils n'interviennent pas, ils ne portent pas secours, ils regardent. Là-bas, il n'y a pas comme ici le système bien rodé des pompiers et des ambulances. On les appelle, mais le temps qu'ils arrivent les blessés succombent. Il arrive parfois que quelqu'un emporte la victime avec sa voiture, mais alors cette personne devient responsable et doit payer ses soins à l'hôpital si la famille ne se manifeste pas… D'où, peut-être, cette passivité des gens. J'étais choqué, c'était étrange de voir cette personne sans vie sur la chaussée avec son régime de bananes, le vélo d'un côté, les sandales de l'autre, sur la route, et du sang partout sur le macadam chaud. Il y avait en moi une forme d'effroi et de fascination.

Le petit garçon que j'étais se demandait où était passé ce cycliste qui, quelques secondes avant, était sur son vélo.

À la maison, on ne parlait pas beaucoup de la mort. Mon père racontait que le journaliste et aventurier Philippe de Dieuleveult[1] était venu à la maison parce qu'il avait besoin de quelqu'un pour aller au Congo. Mon père n'avait pas pu l'accompagner, c'est un voisin qui y était parti et ils n'étaient jamais revenus…

Il racontait aussi des histoires de gens qui se faisaient tuer au Zaïre à l'époque de Mobutu. Je me souviens que les adultes parlaient beaucoup de ces étudiants, qui avaient été assassinés parce qu'ils réclamaient de l'électricité sur leur campus… Des bribes de récits… Et puis la mort est devenue un sujet banal quand la guerre a éclaté. Je suis hanté par le génocide rwandais. Je matérialise la mort des Tutsis parce que la souffrance est encore partout autour de moi : les enfants d'une amie, les tantes, les cousins, ils sont tous là, j'ai accès à leur vie d'avant, des vies comme on en a tous, avec des rêves et des espoirs, et ces personnes ont disparu en trois mois. C'est ce qui m'impressionne le plus.

1. Disparu le 6 août 1985 au Zaïre, actuel République démocratique du Congo.

Quand on va au mémorial du génocide à Gisozi, près de Kigali, il y a toutes sortes de dates de naissance, et toujours cette même date de mort : 1994. Trois cent mille personnes sont enterrées là-bas. Avec ce mur immense, on comprend qu'elles ne sont pas mortes de maladie ou d'accident, mais juste parce qu'elles étaient. Ça génère en moi une interrogation sur la nature humaine. Je n'arriverai jamais à comprendre le pourquoi, donc j'essaie de détricoter le comment. Comment on a pu en arriver là, ce qui fait que dans la nature humaine on arrive à construire cette forme de rationalité délirante où l'on décide de se dire qu'un groupe doit disparaître de la surface de la planète. Ça a bouleversé beaucoup de choses pour moi et pour mon entourage, en termes de spiritualité et de religion.

Je viens d'une famille catholique chrétienne pratiquante et, en juillet 1994, quand on a découvert que nos familles avaient été massacrées dans nos églises, quand on a compris que des prêtres et des bonnes sœurs avaient participé au massacre, on a commencé à douter. De notre foi, mais surtout de l'Église, dont nous nous sommes détournés. Aujourd'hui, il m'est difficile de rentrer dans une église sans y penser. Certaines tantes, certains oncles ont arrêté de pratiquer du jour au lendemain. D'autres se sont tournés vers d'autres formes de spiritualité, vers d'autres églises chrétiennes, mais pas catholiques. Mes certitudes de petit garçon ont vacillé à ce moment-là. Jusqu'à l'arrivée de ma première fille, j'étais persuadé que la religion n'était plus pour moi. Et puis j'ai assisté à la naissance de mon enfant, et ça m'a dépassé ; j'avais l'impression que ma fille venait de l'infini. Dieu est revenu à moi par ce biais-là. Pas avec des textes, mais de façon plus pure, plus profonde. J'ai de nouveau eu envie de fréquenter des églises, et j'ai tenu à ce qu'elle soit baptisée. Autour de moi, certains n'ont pas compris. Mais j'avais envie que ce soit inscrit dans son histoire à elle, lui dire qu'elle venait d'une culture, de quelque part. Quitte à s'en éloigner plus tard. Dieu, c'est la confiance qu'on lui accorde en soi, tandis que les prêtres restent des hommes capables du pire comme du meilleur. Je n'ai pas pardonné car je ne pardonne qu'à ceux qui demandent pardon. Et jusque-là, personne ne l'a fait. J'admire ceux qui pardonnent. Certaines de mes grand-tantes ont eu cette force alors qu'on ne leur a pas demandé pardon, elles savent que c'est par là que va passer la paix.

Il faut savoir que dans l'Afrique des grands lacs, celle où j'ai grandi, le rapport à la mort est proche de celui qu'on a pu avoir ici en France jusqu'à récemment. Ce sont les pays du Christ Roi, quatre-vingt-quinze pour cent de la population s'est convertie au christianisme pour une raison très simple : au Burundi et au Rwanda, il n'y avait qu'un Dieu, Imana, et ça a été très facile pour les missionnaires de convertir les populations. Donc le rapport à la mort est très chrétien. Enfin il l'était, jusqu'au génocide. Les rites étaient les mêmes qu'en France, comme le deuil, la levée de deuil, c'est un mouvement collectif, on se déplace à l'église, on va aux enterrements. Quand j'étais étudiant, j'ai fait un stage dans une compagnie d'assurances à Bujumbura, et les gens passaient leur temps à prendre des congés pour les enterrements et les levées de deuil, pas forcément pour leurs proches, ça pouvait être pour un voisin, et ça ne posait pas de problème à l'entreprise, c'était normal.

Aujourd'hui, ce serait inconcevable ici. Je constate qu'on n'a pas le temps. La valeur du travail l'emporte sur les rites du mariage, du baptême, du deuil, on ne prend plus le temps. On ne s'absente pas pour aller à un enterrement, on gère ça dans un planning qui doit nous correspondre. La vie professionnelle prend le pas sur la vie sociale. Et je note qu'à Kigali, au Rwanda, alors qu'une mutation s'opère vers une économie de marché comme en Europe, les gens sont tiraillés, ils essayent de continuer à vivre avec ce rapport à la religion tel qu'il existait il y a trente ans, donc ils sont très fatigués, ils se lèvent très tôt pour aller à l'église, se couchent très tard pour assister aux veillées, passent les week-ends dans les mariages et les enterrements. Ils ont besoin d'être ensemble, de revaloriser les rapports humains après le génocide.

Au Rwanda, quand il y a un deuil, on va tous dormir dans la famille pendant au moins une semaine. On ne laisse jamais personne tout seul. À mon arrivée en France, ça m'a choqué. Ici, on va à l'enterrement, on prend un verre, et on retourne à nos vies… On passe à autre chose, on n'a pas l'habitude d'être au contact de la dépouille. J'en ai discuté avec des amis à Paris, et j'ai constaté que certaines personnes n'ont jamais vu de cadavres, alors que moi j'en ai vu beaucoup, j'en ai embrassé beaucoup, dans la culture africaine on touche, on veille, il y a quelque chose de très doux.

Au mois de juin, j'ai perdu mon grand-père français qui vivait à Cannes. Il avait quatre-vingt-dix ans, j'étais là deux jours avant, je l'ai vu s'endormir, je suis resté à côté de lui jusqu'à son dernier souffle, c'était à la fois triste et beau car on était là, tous autour de lui. Il y avait une forme d'apaisement car, d'une certaine façon, c'est dans l'ordre des choses. En revanche, je n'arriverai jamais à comprendre la mort des enfants, j'évacue cette idée. J'ai deux petites filles et quand autour de moi il est arrivé que des amis perdent leurs enfants… La mort est une idée qu'il faut accepter, j'essaye de l'accepter pour mes parents et pour moi-même, mais je ne peux pas l'accepter pour mes enfants.

Je réponds aux questions de mes filles. Chaque mois d'avril, on commémore ceux qui sont morts lors du génocide, et comme mon aînée s'appelle Issimbi, comme son arrière-grand-mère décédée le 8 avril 1994, il faut expliquer. Ma fille est née en 2009, c'était la première naissance après le génocide. Jusque-là, on ne parlait que des morts, et avec son arrivée, on a enfin évoqué la vie. Elle est apparue comme la réponse à ceux qui ont voulu nous exterminer, on lui a donné le nom d'une de nos disparues. C'est une histoire et une lourde responsabilité à porter. On était obligé de lui parler d'ethnies, des massacres commis juste parce que nous étions tutsis… Alors, aujourd'hui, tout le monde est rwandais et on veut qu'elle soit rwandaise, pas issue d'une ethnie.

On aimerait aller au cimetière se recueillir, mais on n'a que des fosses, des cryptes dans des lieux sacralisés comme le jardin de la mémoire à Kigali. On n'a jamais retrouvé les corps. On a rassemblé des ossements, parfois des bouts de pagne, une carte d'identité, une photo à côté d'un tee-shirt. Ma grand-mère a été tuée dans l'église d'un quartier de Kigali, elle s'y était réfugiée, se pensant à l'abri. Jusque-là, les tueurs n'osaient jamais rentrer dans les églises. Sauf que là, les barrières psychologiques ont sauté, on a invité les gens à s'y réfugier pour les piéger.

On a emmené nos filles dans ce jardin de recueillement, mais pas dans des lieux plus difficiles, comme à Murambi, où l'on a préservé les corps recouverts de chaux, tels quels, pour la mémoire. Le lieu est critiqué, à juste titre, car il n'est pas facile pour les familles de laisser la dépouille d'un proche en exposition. Je le comprends. D'un autre côté, si on enterre tout le monde, un jour quelqu'un dira que ça n'a jamais existé. Je vois les ravages du négationnisme. Les ossements, les crânes, ça veut dire que *cela fut*, pour citer Primo Levi.

Écrire est une forme d'exutoire sur le moment, mais étrangement je n'ai pas de haine, ni de violence. J'essaye d'avoir conscience de la fragilité de la vie, nous sommes tous sur un fil, c'est pour ça que j'aime beaucoup la poésie, il faut affûter cette beauté-là, avoir conscience qu'il y a une lumière, une caresse, une tristesse, c'est ça que l'écriture m'apporte, la conscience de la préciosité de l'instant et de la vie. Je crois qu'écrire est aussi une manière de dire qu'on n'a pas vécu en vain, qu'on a laissé une trace, quelque chose. Je suis bouleversé par ces familles décimées par le génocide. Ces grandes familles dont il ne reste plus personne, qui va les raconter ? Où sont-elles passées ? Pour moi, c'est insupportable, et, en cela, l'écriture c'est la mémoire. Je suis subjugué par l'Europe pour ça. On préserve les vieilles bâtisses, on donne des noms aux rues, aux squares, la mémoire est partout. Le cimetière du Père-Lachaise est incroyable. Quand je me sens faible, fragile, démotivé, je me rattache à toute cette force autour de nous, celle de tous ces gens qui ont marché là avant. C'est ce qu'on ne retrouve pas au Burundi et au Rwanda, tout est détruit, même des cimetières ont été recouverts, on a construit sur les tombes…

Une pierre tombale ne raconte rien, c'est l'histoire qui est importante. Au Rwanda, c'est une tradition orale. On raconte les histoires des ancêtres. Le verbe qu'on superpose à l'écrit, c'est à ma génération d'écrire, de conserver, de perpétuer. C'est un luxe de connaître le passé de ceux qui nous ont précédés.

Je ne pense pas à la vie après la mort. Je n'ai pas la réponse, je ne sais pas. Je crois à la continuité de notre conscience à travers ceux qui restent. Et à travers le bien que l'on aura fait. On est un tout. On projette une énergie. Les petits-enfants de rescapés juifs ont parfois des traumatismes transmis dans l'ADN. Quand je dis qu'on vient de l'infini, c'est qu'on est empreint de nos ancêtres. Le temps de notre vie, on peut changer certaines choses et projeter ça sur ceux qui vont nous succéder. Nous sommes un tout, la vie se prolonge de cette façon.

Je suis encore trop jeune pour être fasciné par le secret de la mort. Il est important pour moi d'imaginer qu'il y a un monde invisible, une religion, un Dieu ou autre, d'avoir une foi, dans les hommes ou une force qui nous dépasserait un peu, comme la poésie ou la nature. Je crois qu'il y a quelque chose au-dessus des hommes. Mon père est anarchiste il ne croit en rien, je lui dis : « Mais autant y croire, quand tu disparaîtras, tu n'auras pas cru en vain ! Et s'il n'y a rien, il n'y a rien. »

J'écris parce que je ne comprends rien aux choses, ça me permet de poser mes idées, de réfléchir, mais les questions de la mort sont de l'ordre de l'impalpable.

La mort idéale, c'est celle qui est dans l'ordre des choses, comme celle de mon grand-père âgé. Quand on a eu une vie honnête, sans se mentir à soi-même, en ayant été courageux.

La mort idéale c'est aussi de choisir le moment où l'on a envie de mourir. Mon grand-père avait un cancer, il allait encore bien mais il savait que ça allait empirer. Donc il a eu ce courage de dire : « C'est maintenant. » J'ai trouvé que c'était fort. Il l'a annoncé à toute la famille, par téléphone. Il attendait d'avoir quatre-vingt-dix ans. Ça nous a tous choqués, mais je l'ai trouvé tellement serein que j'ai compris. Il avait décidé, prévu, il avait toute sa tête. Il avait les médicaments qu'il fallait pour partir. J'ai pu être avec lui pendant deux jours, on a dormi ensemble. Avant, il a dit à chacun ce qu'il avait à dire, et a laissé des écrits. Une trace. Il a été égoutier de la Ville de Lyon, c'était un grand syndicaliste, et il était aussi chanteur d'opéra pour son loisir. Il écrivait de la poésie. C'était un humaniste, il était extraordinaire. Son métier étant difficile, il a pris sa retraite à cinquante ans, il a donc vécu la moitié de sa vie sans travailler, et il a toujours gardé son âme de jeune homme.

Choisir sa mort, c'est un acte de liberté. Lui, sa vie était derrière lui. J'ai des amis qui se sont suicidés avec des enfants en bas âge, là c'est plus difficile à accepter pour moi. J'ai moi-même été attiré par la mort, ça m'est arrivé. J'étais très jeune, même pas encore adolescent. À huit ou neuf ans. J'ai eu des idées de suicide, je ne les exprimais pas, mais il m'est arrivé de me dire que ce serait plus simple si je n'étais plus là. Aujourd'hui, je n'y pense plus jamais. Ma vie à moi n'a tellement plus d'importance depuis que j'ai des enfants… Ma priorité c'est leur vie. Ces petites filles sont là, elles n'ont pas demandé à être là, il faut que j'assume, donc je passe après elles.

Plus que la vie elle-même, c'est l'humanité qui me paraît dure en tant que telle. Il faut se battre pour continuer à croire en l'humanité.

Le jour où je serai parti ? Je ne sais pas ce que j'aimerais que l'on dise de moi, je laisse la réponse à mes enfants.

Je communique avec mes disparus, en prière et en chanson. Dans *Petit Pays*, je ressuscite des personnes qui ont traversé ma vie, je les fige dans un personnage, c'est aussi une façon d'être en lien avec elles. Les morts sont vivants tant qu'on pense à eux. J'aime ce poème de Birago Diop, il est magnifique :

Ceux qui sont morts ne sont jamais partis
Ils sont dans l'ombre qui s'éclaire
Et dans l'ombre qui s'épaissit,
Les morts ne sont pas sous la terre
Ils sont dans l'arbre qui frémit,
Ils sont dans le bois qui gémit,
Ils sont dans l'eau qui coule,
Ils sont dans l'eau qui dort,
Ils sont dans la case, ils sont dans la foule
Les morts ne sont pas morts.

Line Renaud
Chanteuse et Comédienne

« Mourir en pleine gloire »

Comment ne pas aimer cette femme ? Belle, drôle, intelligente dans sa faculté à toujours chercher ce qu'il y a de meilleur en celui ou celle qui lui fait face, elle jouit d'une image publique quasi iconique. Un symbole français. On pourrait la raconter légère, frivole, comique limite gouailleuse, on pourrait faire son portrait en caricaturant ses rires et ses bons mots, alors qu'il faut prendre le temps de la rencontrer en tête à tête, dans le confort ouaté d'un hôtel. Line est une combattante. De l'enfance à la vie d'aujourd'hui, de son itinéraire personnel à celui d'une militante déterminée à se battre contre l'indifférence dans laquelle allaient tomber les malades du sida. Elle incarne plus que d'autres une inextinguible capacité d'enthousiasme et de générosité, mais elle ne dissimule rien des tristesses et des manques ressentis lors de la disparition de ses proches, sa mère, Loulou… Line Renaud est dans la complicité quand elle raconte, mais jamais elle ne s'épanche en lamentations. Et donne d'elle-même une grande envie de croire que chacun peut s'en sortir.

*

Je n'ai pas peur de ma propre mort… Ce qui me terrifie, en revanche, c'est le handicap et la souffrance. La mort, je l'ai frôlée plusieurs fois de près, une fois alors que j'étais enfant, et plus récemment, en 2013. J'ai eu des problèmes de santé, qui ont été réparés, heureusement. C'était un accident mécanique, j'ai eu beaucoup de chance. Pourtant, là, j'étais prête. Un jour, je souffrais tellement – c'était la troisième fois qu'on me passait dans le corps un tuyau que je ne supportais pas –, que j'ai dit à Marie-Annick, ma gouvernante, qu'il n'y aurait pas de quatrième fois. Je préférais partir avant, c'était trop douloureux. Et, finalement, il n'y a pas eu besoin de recommencer…

La première fois que j'ai vu un corps mort, j'étais encore une petite fille. C'était mon cousin Pierrot, mitraillé par un avion anglais qui tirait sur une ambulance allemande. C'était sur une route entre Lille et Dunkerque. Lui, tellement catholique, tellement croyant, beau comme un Dieu, il venait juste de recevoir son brevet, il était fou de joie, il allait entrer dans la maison pour annoncer la bonne nouvelle et puis... il est mort. Moi qui jusque-là faisais ma prière tous les soirs, j'en ai voulu à Dieu. Et pourtant j'étais croyante, alors que mon père était athée. J'ai même fait ma communion en cachette. Avec mon arrière-grand-mère, nous faisions la prière toutes les deux, le Notre Père puis le Je vous salue Marie, plusieurs fois, avec les mains jointes. Quand il a été tué, je n'ai plus fait mes prières. Et puis, plus tard, j'ai compris que le Bon Dieu avait provoqué la mort de Pierrot pour sauver quelqu'un d'autre, alors j'ai recommencé à prier.

Je pense qu'il y a autre chose, après. J'en suis sûre. Je ne croyais pas aux signes jusqu'à ce que je les voie. Ceux de Loulou, mon mari, ceux de ma mère... La semaine dernière, je sortais d'un rendez-vous, et sur la plaque d'une voiture, là, juste devant moi, il y avait nos chiffres : le deux pour ma mère et le huit pour Loulou et moi. Je ne crois pas au hasard. Ou plutôt, le destin est fait de plein de hasards qui n'en sont pas. Quelquefois, une rencontre avec quelqu'un va signifier quelque chose beaucoup plus tard. Ça m'est arrivé des tas de fois.

Je célèbre les anniversaires de mes morts, à ma façon. Je pense tout le temps à eux, mais, ce jour-là, il y a quelque chose en plus. Je vais sur leur tombe, et si je n'ai pas pu y aller, ça me manque, je ne suis pas bien du tout. Quand je pars en voyage, je vais leur dire au revoir, je leur explique mon départ, et à mon retour je viens leur dire bonjour et leur raconte tout ce que j'ai fait. Là, par exemple, je suis allée leur raconter Las Vegas, où l'on vient de donner mon nom à une rue, le 28 septembre 2017. Avec Loulou, comme avec ma mère, nous avions de la complicité avec les mots, les couleurs, les oiseaux, les chiffres, les arcs-en-ciel, et c'est à travers tout ça que je comprends leurs signes. Quand je leur parle, au cimetière, pour savoir s'ils m'ont entendue, je demande : « Tu es là, l'oiseau ? » Et là, il y a toujours un oiseau qui passe. Les rares fois où aucun ne passe, je me dis : « Tiens, il ou elle ne m'a pas entendue. » Je leur parle aussi lorsque je vais à un enterrement, face à Dieu. J'ai l'impression que si je suis dans une église, ils m'entendent mieux. Les signes m'aident à vivre, et penser qu'il y a un après m'aide à mourir. Je suis sûre que je vais les retrouver.

Quand Loulou est décédé, je savais qu'il avait été heureux, qu'il était mort comme il fallait. Je l'ai très bien accompagné. Le 7 janvier 1995, on m'annonce qu'il est dans le coma, que c'est fini. Un infirmier passe, lui tape sur la joue et me dit qu'il est mort. Moi j'étais au bout du lit, et dans un élan, je dis bien fort : « Loulou, si tu m'entends fais-moi un signe ! » Je criais, je criais et, d'un seul coup, Loulou m'a répondu : « Oui » dans un souffle. Les deux infirmiers présents à côté de moi ce jour-là se sont regardés, très étonnés. J'ai compris que Loulou m'entendait alors, moi, je me suis mise à lui parler de sa mère, italienne : « Regarde, ta maman est là, elle t'attend, elle te tend les bras, tu vas traverser les mimosas et les lavandes ! » Je sais qu'il m'a entendue, je sais qu'il est parti retrouver sa mère, ça, je le sais. Il est mort dans le bonheur. On croit qu'ils ne nous entendent plus, mais si.

Pour ma mère, tout a été très différent. Deux femmes m'ont empêchée de l'accompagner comme je le souhaitais. Comme je ne voulais pas qu'elle aille à l'hôpital, je l'avais faite hospitalisée à la maison, chez moi. Je voulais que ça se passe chez moi, je voulais pouvoir lui parler jusqu'au bout. Être là. Un jour, alors que Muriel Robin était venue me soutenir, elle a bien vu que j'étais épuisée à veiller ma mère depuis des nuits. Je ne tenais plus debout, je titubais de fatigue, et, pendant le déjeuner, ma tête est tombée dans mon assiette. Je m'étais comme évanouie. L'employée de maison et l'infirmière m'ont alors dit d'aller m'allonger dans la chambre, juste à côté. Je leur ai fait promettre, jurer, même, de me réveiller à la moindre alerte. Et elles ne l'ont pas fait. Ma maman, au lieu d'entendre ma voix, au lieu de voir sa fille, est morte en regardant cette employée de maison et cette infirmière. J'aurais aimé pouvoir lui parler de sa mère, de mon père aussi. Car bien que maman se soit remariée, elle me disait toujours : « C'est curieux, quand je rêve, c'est toujours de ton père et de toi quand tu étais petite fille. » Si j'avais pu, je lui aurais dit qu'elle allait le retrouver. Je sais qu'elle m'aurait entendue, que ça l'aurait apaisée. Ces deux femmes m'ont retiré la mort de ma mère, c'est un gros chagrin dont je ne me remets pas. Je suis toujours très en colère.

Dans le cercueil, j'ai tenu à ce que maman porte la petite robe noire à paillettes qu'elle avait mise pour dîner avec Jacques Chirac. Et son collier de perles et ses boucles d'oreilles, aussi. J'ai gardé son alliance, et celle de ma grand-mère. Loulou, lui, a été enterré avec l'une de ses guitares. Et un costume bleu marine de chez Cifonelli.

Moi, je ne sais pas qui m'accompagnera, le jour de ma mort, car je n'ai personne de mon sang. Qui aura été sincère, comment puis-je le savoir ? Des tas de choses se sont écrasées sur mon chemin. On ne sait jamais comment les relations évoluent. Malgré tout, je crois avoir des amis solides, je pense à Muriel Robin, Claude Chirac, Nicole Sonneville, Dany Boon… Quand je sors avec lui, il fait attention à moi comme si j'étais sa maman. J'ai longtemps regretté de ne pas avoir eu d'enfants… Mais enfin aujourd'hui c'est moins le cas, quand je vois la façon dont tourne le monde. Si j'avais des petits-enfants, je serais inquiète en permanence. Et puis, de toute manière, liens du sang ou pas, à la mort des gens, les choses se gâchent souvent. Il y a parfois des disputes sordides avant même la mort de la personne.

J'ai pris des dispositions pour après, mais mes consignes changent beaucoup, au gré de mes humeurs et de mes réflexions. J'ai demandé à mon notaire si c'était normal de changer d'avis aussi souvent, je lui ai demandé si je n'étais pas « malade », mais il m'a rassurée. Parfois je me dis : « Non ça, ça n'ira pas pour telle personne. » Je dissèque tout, mais bon un jour je vais arrêter. Il va bien falloir…

Avec Loulou, j'ai beaucoup regretté qu'on ne parle pas de la mort. Et de l'après. Il n'avait pris aucune précaution alors qu'il avait vingt ans de plus que moi. Il eût été logique qu'on règle des choses, mais comme il n'en parlait pas, je n'en parlais pas non plus.

On devrait faire comme en Asie, apprendre très tôt que la mort fait partie de la vie. Moi, je ne l'appréhende pas, parce que j'ai eu un beau parcours. C'est le mot que Loulou a eu, juste avant de mourir. Le 31 décembre 1994, je suis allée lui porter deux larmes de Champagne, et il m'a demandé : « Quel âge j'ai ? » Il avait toujours dit qu'il vivrait jusqu'à quatre-vingt-huit ans. Au mois de mars suivant, il aurait dû avoir quatre-vingt-sept ans… Alors, j'ai un peu joué sur les mots et je lui ai répondu : « Au mois de mars tu vas entamer ta quatre-vingt-huitième année. » Il m'a dit : « Beau parcours ! » Huit jours après, il est parti.

J'ai déjà joué la mort au théâtre. Dans *Harold et Maud*, c'était une belle mort, ce que Maud transmettait à ce jeune Harold était très joli. Je ne me souviens plus si j'ai joué d'autres mourantes. En tant qu'actrice, si le texte et le rôle sont magnifiques, ça ne me déplaît pas de jouer quelqu'un qui meurt. En revanche, je n'aimerais pas qu'on me demande d'aller dans un cercueil. C'est pervers, morbide. Ça non, je ne pourrais pas, même pour un beau rôle !

Je vais souvent aux enterrements, et je les trouve un peu longs. Il faudrait faire plus court. Le plus beau auquel j'aie assisté ? Celui d'Henri Salvador, je crois. Catherine, sa femme, avait bien fait les choses, à l'église de la Madeleine. C'était formidable, pas triste. Moi, si je pouvais choisir, ce serait d'une cérémonie avec du jazz, à la Nouvelle-Orléans. Je ne l'ai indiqué à personne, mais c'est ce qui me plairait le plus. Je ne sais pas si c'est possible. Il va falloir que je m'occupe de tous ces détails.

Comme pour un spectacle, il faut peut-être laisser des consignes, établir un fil conducteur, aller dans le détail. Pour le reste, que les gens viennent comme ils veulent, pourvu qu'ils soient là. Sauf deux personnes, que je ne veux surtout pas voir dans l'église. Un homme et une femme, que personne ne connaît, mais qui ont fait partie de mes proches et qui m'ont fait beaucoup de mal. Eux, je ne leur pardonnerai jamais.

J'aimerais que mes proches retiennent que je les ai aimés. Enfin, si on se souvient de moi, ce sera déjà bien. J'ai aimé profondément mon public, mon pays, j'ai toujours essayé de bien le représenter, mais je ne me fais aucune illusion, le roi est mort vive le roi ! Un artiste, surtout de variété, on l'oublie vite. S'il n'y a pas un frère ou un fils derrière, comme pour Dalida ou Claude François, on oublie... regardez Luis Mariano... Je ne sais pas ce que je vais laisser, mais j'espère qu'on s'en souviendra.

À l'enterrement de Danielle Darrieux, j'ai été choquée par l'absence de tant de personnes. Elle a fait une carrière mondiale, beaucoup d'artistes ont joué avec elle et ne viennent pas à ses funérailles ? Je ne comprends pas. Danielle, elle m'a connue à mon arrivée à Paris, car Loulou lui composait des chansons pour ses films. Et moi je chantais celles dont elle ne voulait pas...

Enfin voilà, pour conclure, le mieux, si tu veux du monde à ton enterrement, c'est de mourir en pleine vogue, sur scène, en pleine gloire ! Sinon, il n'y a plus personne…

*

Quelques jours plus tard, Line m'a rappelée, soucieuse de rajouter qu'il était primordial pour elle de mourir dans la dignité, c'est d'ailleurs le nom d'une association dont elle est membre.

*

Le jour venu, si je suis dans un état lamentable, je refuse l'acharnement. Durant l'agonie de ma chère maman, je lui disais : « Comme tu es courageuse », celle-ci me répondait : « Je n'ai pas le choix. » Moi, je veux l'avoir ! J'irai en Suisse ou en Belgique et je partirai accompagnée sans être un poids pour mes proches.

MICHEL ONFRAY

Écrivain

« Se faire surprendre »

Un philosophe avait grandement sa place dans ce livre. Un de ces esprits, suffisamment libre au point d'être populaire, pour nourrir la réflexion. Il n'est pas croyant. Il a même écrit un traité d'athéologie, en 2005, qui pourrait définitivement le classer dans la catégorie des mécréants insensibles aux larmes et aux drames des disparitions d'êtres chers. Michel Onfray, solide physique, yeux clairs et regard droit, se confie sans rien sceller ou alors c'est qu'il y a des limites intimes à ne pas franchir. Dans ce qui va suivre, il ne théorise pas, il n'est pas dans l'analyse ni dans la polémique, il déshabille ses propres moments de douleur, ses interrogations personnelles. C'est le récit d'un homme avide de comprendre, toujours soucieux de saisir le contraire de ce qu'il comprend afin d'avancer, d'avancer toujours dans le brouillard de l'inconnu. Ce qu'il a vécu, ce qu'il a connu de la mort fait partie de son parcours d'homme toujours en recherche de savoir. C'est une parole brute et sauvage, dénuée de toute fioriture, qu'il nous livre.

*

J'avais mangé la veille au soir une omelette avec des champignons ramassés en forêt. Quand je me suis réveillé à six heures du matin, en étant si mal, j'ai d'abord cru à une indigestion. J'ai appelé mon médecin de campagne, à douze kilomètres de là. Par bonheur, il ne m'a pas répondu alors je me suis rabattu sur un autre médecin, qui est arrivé à toute allure. Heureusement, car il a tout de suite diagnostiqué un infarctus. J'avais vingt-huit ans. J'ai pensé que j'allais mourir. Je me suis demandé si c'était une question de minutes, d'heures… Je me suis demandé ce que j'avais fait de mon existence. Le médecin est entré en contact avec le CHU de Caen, à une heure de route. Ils ont voulu m'envoyer un hélicoptère, mais on était en novembre et il n'a pas pu décoller. On m'a plaqué sur un brancard, puis on m'a fait rentrer dans l'ambulance, je me souviens du gyrophare, et de mon voisin qui me regardait partir. J'ai alors pensé à la phrase de Lucrèce, qui dit qu'il y a un vrai bonheur, quand on est sur la plage, à voir un bateau qui coule… Je me suis dit : « Lui, il est dans la position du type qui est sur la plage. » En route, je me suis dit : « Bon ben voilà, ça va s'arrêter là. » À l'arrivée, j'ai été pris en charge, puis soigné, je me suis retrouvé au bloc opératoire, on m'a fait une coronarographie, je voyais les images sur un écran, je me suis dit que je n'avais pas l'air d'être trop mort. Les médecins parlaient, l'un de sa tondeuse à gazon, l'autre de sa pelouse, ça me rassurait. Après, je me suis retrouvé dans une chambre d'hôpital, je me suis dit : « Je ne suis pas mort. » C'est là, en réanimation, que j'ai assisté à une séance d'électrochocs, sur le patient du lit d'à côté, son corps faisait des bonds de vingt centimètres sur son matelas. Plus tard, je suis ressorti flageolant de l'hôpital, avec dix kilos de moins et j'ai vu la vie sous un angle différent. Quand on rentre chez soi, on retrouve tout à la même place, et on se dit : « Si j'étais mort, voilà ce qui serait resté. » Depuis, pour l'écriture, c'est comme un robinet qui coule, mais peut-être que ce n'est pas directement lié à cet accident cardiaque parce que j'ai toujours été énergique et productif. Je ne veux pas faire de causalité magique. C'était un infarctus un peu bizarre, inexpliqué. Je ne buvais pas de café, pas d'alcool, je faisais du sport avec les copains, je n'avais pas de stress puisque je ne publiais pas encore de livres, je n'avais pas de cholestérol, pas de malformation cardiaque, rien qui explique ce que j'ai eu.

Il y a deux choses qui m'ont amené à la philosophie : la mort et les femmes. Quand doit on mourir ? Pourquoi les femmes sont-elles à la fois si semblables et si dissemblables ? Aujourd'hui, je pense que j'ai résolu le problème de la mort, pas celui des femmes. Tant mieux, ça reste une énigme. J'ai trouvé des réponses à mes questions sur la mort à l'université avec les philosophes. Lucrèce, Épicure… Épicure disait : « La mort ne me concerne pas : si elle est là je n'y suis plus, si je suis là elle n'y est pas. » C'est un chiasme, une figure de style pour mémoriser. La mort c'est d'abord l'idée de la mort.

Il faut regarder la mort en face avec les yeux ouverts, comme disait Marguerite Yourcenar. Je ne la méprise pas plus que le soleil, et l'alternance du jour et de la nuit, c'est une dynamique, la mort. On s'énerve contre elle quand on la découvre et qu'on est jeune. Moi, mes parents ne me parlaient de rien, ma mère était femme de ménage, mon père était ouvrier agricole. On vivait la vie des gens simples, qui travaillent et ne se posent pas de questions. Quelque part, j'ai eu de la chance, enfin si on peut appeler ça de la chance, car enfant je n'ai pas été confronté à la mort. Ma mère était de l'assistance publique, et mon père avait déjà perdu ses parents. Je n'ai donc pas été confronté à la perte de ce maillon-là. Il m'a manqué quatre grands-parents. C'est évident qu'il y a un manque, puisqu'ils transmettent des choses que les parents ne donnent pas, mais la chance, c'est que je n'ai pas vu quatre personnes partir. J'ai vu mourir mon père, ma compagne, la grand-mère de ma compagne, sa mère… La première fois que j'ai rencontré la mort, c'était avec la grand-mère de Marie-Claude, ma compagne, j'avais vingt ans. Je l'ai embrassée. Après j'ai embrassé tous les morts que j'ai vus. Quand je pense aux disparus, je les vois morts. J'ai des images d'eux vivants évidemment, une odeur, une expression, on se dit : « Moi je suis là et il ou elle n'est pas là. » C'est soudain, d'un seul coup des choses sortent du bois, vous rappelant la personne, un vêtement bleu dans une vitrine…

Ce qui me manque le plus de Marie-Claude ? Tout. Elle était une partie de moi, je crois qu'un couple, on le fabrique et on le construit. Quand l'un s'en va, une partie de l'autre s'effondre. J'ai pensé à la suivre. C'est la première idée que j'ai eue car j'ai été pris par surprise. On ne m'avait pas dit que c'était si grave. Son cancer a duré treize ans, avec des hauts, des bas, j'ai appris à vivre avec. J'ai cru qu'elle était tirée d'affaire et puis, d'un coup, c'est reparti, avec une tuberculose et sept années de chimio non-stop. Je l'ai accompagnée dans tout ça, et, un jour, le médecin m'a dit : « Il faut arrêter, c'est fini. » J'ai demandé : « Qu'est-ce qui est fini ?
— Marie-Claude. — Non Marie-Claude n'est pas finie. — Si, c'est fini. » Là, j'ai senti des gouttes de

sueur grosses comme des olives, je ne savais pas qu'on pouvait transpirer comme ça. J'ai voulu mourir. J'ai demandé : « Combien de temps reste-t-il ? — Trois semaines. » À partir de là, il faut vivre trois semaines avec ça et ne rien lui dire parce que c'est terrible de dire à quelqu'un : « Dans trois semaines, tu seras morte. » On ne prépare pas la mort. Marie-Claude était consciente de son état, mais sans doute pas de sa mort imminente. Est-ce qu'elle me préservait ? On était dans la dénégation, elle et moi. J'ai dit aux médecins : « Pas de soins palliatifs » et, là, ils m'ont répondu : « Mais vous êtes dans les soins palliatifs depuis trois mois ! » On n'en avait même pas conscience ! Je me suis dit que j'allais partir avec elle. Je vais la tuer et je me tue après. Sauf que ça n'est pas si simple. Si j'avais eu un revolver, je pense que je l'aurais fait. Elle n'était plus que l'ombre d'elle-même, au premier sens du terme. La peau sur les os. Je me suis battu auprès d'elle. À un moment, on m'a dit : « C'est une question d'heures », alors c'est moi qui ai demandé : « Faites le nécessaire. » On m'a répondu : « C'est interdit. » J'ai dit : « Je sais que vous pouvez le faire. » J'ai appelé un autre médecin dont je savais qu'il pratiquait l'euthanasie, je peux en parler car il est mort aujourd'hui. C'était à l'hôpital et, le soir, elle m'a fait un petit coucou de la main, pour dire à demain. Moi je savais que le lendemain, ce serait fini. J'avais demandé que le nécessaire soit fait pendant la nuit… On ne s'est rien dit de particulier, je n'ai pas ressenti le besoin de dire quelque chose de particulier juste parce que c'était le dernier soir. On ne se parlait pas beaucoup, mais on s'est montré pendant trente-sept ans qu'on s'aimait. Je n'ai aucun regret.

Après, j'étais révolté car soixante ans c'est tôt pour mourir. Je me suis retrouvé tout seul, et je me suis dit : « Et maintenant je fais quoi ? Comment je me tue ? » Et puis… voilà. Il n'y a ni lâcheté, ni courage, on met un pas devant l'autre. Et quand on est dans cette logique, on essaie du coup de ne pas mourir, il se passe un jour, puis une semaine, puis un mois… J'ai eu de la chance, car je dors bien, je mange bien, je ne suis pas rentré dans une phase d'impuissance d'écriture donc je me suis mis au boulot et j'ai continué à écrire. Je me voyais comme un poulet à qui on a coupé la tête et qui continue à courir. Je vivais par réflexe. Je me voyais en train de me cogner partout. Et puis les gens s'en vont, ils ne sont pas très élégants, pas très amicaux. On faisait tous les 31 décembre un grand dîner dans un restaurant, avec plein d'amis. Y compris la dernière année. Après la mort de Marie-Claude, j'ai guetté les invitations le 31 décembre et je n'en ai eu aucune. Personne ne m'a demandé : « Tu fais quoi, tu es où ? » Je me suis dit bon, ou tu meurs, ou tu vis. Alors, j'ai vendu la maison à une dame qui venait de perdre son mari. Elle m'a dit qu'elle n'avait pas beaucoup d'argent, je lui ai dit : « Vous avez combien ? » Elle m'a dit : « Une somme dérisoire. » Je la lui ai vendue quand même. Je l'ai bradée, je ne voulais pas faire de l'argent, du bénéfice, avec ça. J'ai juste pris mes livres, j'ai laissé tous mes meubles. Je me voyais mal garder des meubles dans lesquels on avait vécu. Le jour de l'enterrement, j'ai quitté cette maison et je n'y ai jamais remis les pieds. J'ai découvert que, six mois après, cette dame revendait la maison en faisant un bénéfice terrible. Je suis reparti à Chambois, dans mon village natal, j'ai donné tous les effets personnels de Marie-Claude. Je n'ai pas envie de pleurer comme un veau sur son écharpe. Elle a été enterrée. Je voulais qu'on mette mon nom sur la tombe, mais ils n'ont pas voulu. J'ai gardé deux choses : un vieux fauteuil de coiffeur hérité de mon père sur lequel je m'assois pour travailler, et une table de ferme que Marie-Claude m'avait offerte et qui me sert de bureau.

J'ai voulu un enterrement avec trois ou quatre personnes. Le père de Marie-Claude faisait partie d'un groupe de résistance dans lequel il y avait deux personnes extraordinaires que je n'ai pas connues, mais l'une des deux avait adopté une fille que Marie-Claude considérait comme sa sœur. Marie-Noëlle faisait ses études d'avocate et Jacky était prof agrégé d'histoire. Ils m'ont proposé d'être le parrain de leur fils. C'était beaucoup pour moi. On a passé trente-sept Noël ensemble. Alors, c'est eux que je voulais inviter et personne d'autre. Certains ont voulu venir à l'enterrement, mais j'ai dit non. Ce qu'il y a de plus sordide, c'est le comportement de certains, à qui j'avais dit de ne pas venir et qui sont venus quand même. Je leur ai fait comprendre que je n'étais pas content, mais ils sont restés. J'ai passé toute la cérémonie avec ma main sur le cercueil. Le deuil n'a pas besoin de signes extérieurs. Pas besoin de s'habiller d'une couleur particulière, ça, c'est du deuil social. Aujourd'hui, il y a plus de liberté et c'est tant mieux. Même si la mort est devenue un marché. Quand vous choisissez le cercueil de votre compagne, on vous montre le premier modèle, le deuxième modèle, le troisième modèle… Alors ça veut dire quoi, si je prends le premier modèle c'est que je ne l'aime pas ? Et si je prends le plus beau, c'est que je l'aime plus que si je prenais le moyen ? Avec ou sans conservateur ? Et on voit l'addition qui monte, qui monte… J'ai dit : « Mettez tout ce que vous voulez. » Ce que j'ai détesté, c'est le côté enterrement mondain où il faut être. J'aime assez les enterrements musulmans, ils enterrent dans la journée. Ça évite les faux-culs et tous ces gens qui viennent pour se faire voir et qui n'ont pas forcément été amicaux avec le mort. Moi, personne n'a pris de mes nouvelles. Ça m'a blessé et en même temps ça m'a arrangé. On ne fait pas son deuil, c'est le deuil qui nous fait. La dame qui s'occupe de mon ménage me parle parfois de Marie-Claude. Un jour elle m'a dit : « Vous l'aimiez hein, et vous avez l'air de l'aimer encore ? — Oui. — Mais alors pourquoi il n'y a aucune photo d'elle ? — Parce que si vous remarquez bien, il n'y a des photos de personne, et surtout pas d'elle. » Pour moi ça n'a aucun sens. Il faut tourner la page. J'ai été invité à Noël par les parents de mon filleul, mais je ne peux pas aller chez eux, où l'on a passé tant de bons moments avec Marie-Claude. Je préfère aller au restaurant.

Le deuil de Marie-Claude m'a fait rapetisser, tandis que celui de mon père m'a fait grandir. Il avait quatre-vingt-huit ans, donc on accepte davantage, on s'y prépare J'étais un fils de vieux papa. Aux yeux des autres, c'était mon grand-père, il m'a eu à trente-huit ans. Je passais pour un fils de vieux. On comprend plus tard que c'est un avantage d'avoir un vieux papa. Il était sage. Puissant. Un petit bonhomme tassé et râblé, mais grand et puissant. Il était en pleine forme, et puis il a eu un problème au genou. Le docteur a dit : « Ce n'est pas sans risque », il avait des anticoagulants à la suite d'un pontage à soixante ans, on lui a dit qu'il fallait les arrêter pour l'opération. Après, il a récupéré sa santé, tout allait bien, mais le rééquilibrage de son sang ne s'est pas bien passé. Il a commencé à perdre la vue. À toucher les meubles pour se déplacer. Il est mort assez probablement d'un problème consécutif à ça. C'était en 2009. Il était minuit passé, on était sur la place, entre nos deux maisons. On avait l'habitude de regarder les étoiles, et en particulier l'étoile polaire, depuis que je l'avais emmené au pôle Nord pour ses quatre-vingts ans. Il a levé la tête et il a dit : « Non pas ce soir, le ciel est couvert. » Et il est mort dans mes bras. Je l'ai porté, je l'ai allongé par terre. J'ai couru à la maison, le médecin est arrivé, les urgences ont suivi, mais c'était fini. Au moment où il est mort, j'ai eu la sensation que quelque chose passait de lui à moi, comme une transmission, un héritage de quelque chose de grand, sa force, comme un passage de témoin. J'ai longtemps eu peur qu'il meure pendant mon absence, moi qui voyage beaucoup, et il est mort dans mes bras.

Je ne crois pas au tunnel lumineux, de ceux qui disent avoir vu la mort et en être revenus… C'est une connerie, l'image de la lumière, c'est juste les endorphines, il y a un moment où ça déconne tellement que la totalité des endorphines part dans le corps et c'est ce qui produit cet effet de tunnel. C'est un phénomène physique. Quand on meurt, on meurt. On devient un cadavre. On pourrit, il y a les bactéries, les gaz, puis les tissus, la chair disparaissent et, après, il reste le squelette.

Je ne suis pas croyant. Je crois que peut-être ça me simplifierait la vie et, en même temps, quand je parle avec des croyants, je vois que ce n'est pas si facile que ça. Un ami m'a dit : « Moi, je suis moine parce que je n'ai pas de certitudes. Je doute et c'est pourquoi je suis moine. »

Je ne crois pas qu'on retrouve les gens qu'on aime, après. J'entrerai dans le néant où sont Marie-Claude, mon père et d'autres personnes, mais dans le néant personne ne communique.

La mort idéale, c'est celle qu'on ne voit pas venir. Une mort soudaine, chez soi, une rupture d'anévrisme alors que vous étiez occupé à un projet. Se faire surprendre. Je reste épicurien.

Je n'ai jamais fait de testament, je m'en fous. Un peu comme Diogène. Et je n'ai aucune attente sur ce que l'on dira de moi après. On dit déjà tellement de bêtises aujourd'hui ! Je n'aime pas le mal qu'on dit de moi, je n'aime pas le bien qu'on dit de moi. Je suis déjà dans le dictionnaire, c'est assez drôle. J'aimerais qu'on puisse penser que je n'ai pas augmenté la négativité avec ma présence sur terre, que je n'ai pas augmenté la dose de méchanceté mais qu'au contraire j'ai peut-être augmenté la dose de bien. C'est la mort qui signe la vie. Ceux qui me survivront pourront me juger. Pas sur mes apparitions médiatiques, mais sur ma vie. Et pas seulement à travers mes écrits. Il y a des gens qui mentent dans leurs écrits, moi je ne mens pas, je cache. Je ne dis pas. J'évite de me mettre dans la situation d'avoir à mentir. Parler de la mort comme je le fais aujourd'hui ne me soulage pas, mais je suis heureux de vous le dire à vous et que ce soit enregistré car c'est la première fois que j'en parle de manière aussi détaillée. Je ne parle jamais de la vie intime et sexuelle de Marie-Claude, je ne parle pas des femmes qu'il y a eu dans ma vie même si Marie-Claude savait tout car je ne lui ai jamais rien caché. Je ne raconte pas ce qu'on a vécu, elle et moi. J'ai fait des choses que d'autres personnes ne comprendraient pas. Il y a des femmes qui se sont inventé des histoires avec moi alors que j'ai toujours été clair. J'ai le projet d'écrire mon autobiographie, non pas quelque chose de narcissique, plutôt comme un projet philosophique. Comment devient-on ce que l'on est ? Comment s'articule liberté, libre arbitre ? La question de mon intimité avec Marie-Claude se posera alors. Entre nous, il n'y avait rien qui ne ressemble à l'adultère bourgeois. Entre nous, c'était entendu. Et je ne veux pas salir sa mémoire.

Nathalie Rykiel

Femme de mode et Écrivaine

« À la fin, elle m'appelait maman »

Quand je l'ai rencontrée, cela faisait quelques semaines que sa mère Sonia était décédée. La femme aux cheveux flamboyants, créatrice et féministe, provocante et amoureuse. Nathalie est sa fille. La fille de sa mère. Comment se détacher et pourquoi d'ailleurs ? D'autant qu'elle aussi a des filles. Ce qui forcément donne envie de penser que la vie continue, que les talents de l'une peuvent nourrir les suivantes. Pas simple d'être la fille de… Et d'avoir connu une fin de vie longue, désespérément longue parce que la maladie ronge si lentement les moindres ressorts d'un corps, même doué de talent.

La mode est chose éphémère, obsolète sitôt la saison passée. Elle est un spectacle permanent. Nathalie Rykiel est dans ce monde-là, mais aussi dans celui de l'écriture, celui qui lui a permis de trouver sa musique intérieure. La femme qui se tient face à moi a l'élégance sophistiquée, le ton léger, mais le regard grave. Là, dans son refuge, au cœur de Saint-Germain-des-Prés que peu de gens connaissent, propice à l'introspection et au retour sur soi-même, elle s'est ouverte…

*

Il m'est arrivé d'avoir eu peur de mourir, avant une opération ou un accouchement, de me demander : « Et si je ne revenais pas ? », mais jamais de façon effrayante. Comme je suis distraite quand je traverse, je me dis parfois que je finirai écrasée, mais ce n'est pas une obsession. Je n'ai pas une peur précise de la mort, mais une peur de la souffrance. J'adorerais mourir dans mon sommeil sans m'en apercevoir, que ce soit rapide. C'est ce que je souhaite à tous les miens également, car souffrir est horrible.

J'imagine qu'il n'y a rien, ou plutôt je préfère imaginer qu'il n'y a rien. Je ne peux pas imaginer un après, ça m'angoisserait au plus haut point. S'il y avait quelque chose après, ce serait donc l'inconnu et il m'aurait fallu le préparer, l'inventer, le réfléchir, non je ne veux pas qu'il y ait quelque chose après. C'est un point final. Ça s'arrête. Point. Il y a des choses qui restent, qui continuent à travers les enfants, à travers d'autres choses, pour ceux qui ont écrit ou créé des œuvres, mais ça compte infiniment peu, ce qui compte c'est le cycle de la vie et la transmission par les êtres.

Ceci dit, je n'écris pas pour laisser une trace. Je commence seulement à me prendre pour un écrivain, j'en suis à mon quatrième livre, je me dis : « Ah oui je publie ! », et, éventuellement, je vends des livres, des lecteurs m'écrivent et sont touchés, mais je ne sais pas pourquoi j'écris. Ce n'est pas non plus un exutoire, c'est juste un lieu, où, quand ça se passe bien, je suis très bien. Mais c'est rare que ça se passe bien, ça demande parfois des jours pénibles pour arriver à trouver la musique juste. Je la cherche parfois longtemps, et quand elle arrive et s'impose à moi, c'est une jouissance importante. Quand j'écris quelque chose qui me convient, c'est un très grand bonheur.

La première mort marquante, c'est celle de mes grands-parents. J'ai eu la chance que ça commence doucettement dans l'ordre des choses, dans l'ordre des générations, ma grand-mère, mon grand-père... C'était lointain, je n'étais pas là, la mort violente est arrivée quand j'avais vingt ans. Mon père est mort du jour au lendemain, puisqu'il a fait un AVC. C'était très brutal, il n'était pas malade, ce n'était pas prévisible. C'était une mort folle, les circonstances étaient folles parce que j'étais encore une adolescente dans un triangle familial, bien qu'on soit quatre. Ma relation avec mon père était complexe, nous n'avions vraiment pas réussi à trouver une harmonie. Mes parents étaient divorcés, mais mon père était là tous les jours car il venait s'occuper de mon frère aveugle.

Le téléphone a sonné à cinq heures du matin. On nous a prévenus qu'il était inconscient, nous sommes allés chez lui, il y avait la femme qui avait dormi avec lui, effondrée dans un coin, les pompiers, mon père inconscient. J'ai supplié bêtement les pompiers de le sauver : « Je vous en supplie, sauvez-le, c'est mon père. »

Ils l'ont emmenée, nous on suivait les secours en voiture, puis ça a duré une journée et demie jusqu'à ce que l'on dise à ma mère qu'il fallait le débrancher. Je ne sais pas ce que j'ai ressenti, c'était tragi-comique. Je crois que j'ai anesthésié beaucoup de sentiments à ce moment-là. Je n'ai aucun souvenir des détails pratiques, du choix du cercueil, de comment il était habillé, je crois que j'ai été très épargnée. Le jour de l'enterrement, mon frère n'est pas venu, il n'a pas voulu, il n'a pas pu, il était lui aussi dans une relation compliquée avec mon père. Je ne me souviens pas d'avoir dit un mot pendant les obsèques, j'étais murée. Et après je suis revenue à la maison, je suis restée avec mon cousin toute la journée, il me faisait des blagues et j'avais des fous rires non-stop, c'était sans doute nerveux.

J'avais beau avoir vingt ans, j'étais encore une ado plutôt complexée, doutant d'elle-même, avec des histoires d'amour inabouties, compliquées, avec des hommes pas forcément libres… Et trois jours après la mort de mon père, j'ai rencontré mon premier grand amour, avec qui je me suis mariée. Ça a donc été à la fois un énorme traumatisme et une libération. Je pense que j'ai toujours voulu que mon père soit fier de moi, j'ai tout fait pour ça, j'ai même eu un bac scientifique avec mention alors que j'étais une littéraire et détestais les maths et les sciences naturelles. C'était pour lui, mais lui vouait sa vie à mon frère. J'en ai gardé une frustration très grande. Aujourd'hui, je pense souvent à lui, plein de chansons me le rappellent, il adorait le jazz, Claude Nougaro, Ella Fitzgerald…

Il y a eu d'autres décès marquants, celui de ma tante, parce que ma mère avait quatre sœurs et qu'elles étaient les cinq doigts de la main. Qu'il y en ait une qui meurt et que ce ne soit pas l'aînée a été un choc très fort. L'aînée, c'était maman.

J'ai perdu des amis, aussi. Je ne sais pas s'il y a une bonne façon d'apprendre la mort de quelqu'un. J'ai eu la chance d'échapper à un choc, une mauvaise annonce, en revanche j'ai déjà avisé quelqu'un d'un décès. Je suis incapable de vous dire pour qui, ni comment je l'ai fait. Moi, j'ai oublié, mais je sais que je resterai à jamais celle qui l'a dit. C'est un sacrifice, d'annoncer la mort.

Ça me rappelle un moment absolument atroce. Là où j'habitais avant, il y avait deux femmes pas du tout sympathiques qui tenaient un magasin d'antiquités et de brocante. Des femmes qui surveillent tout le monde, qui savent tout, et qui médisent. Maman venait parfois nous voir, les enfants aussi, et rien ne leur échappait. Un jour, je rentre chez moi inhabituellement tôt dans l'après-midi. Je ne parlais jamais à ces femmes, parce qu'elles m'envoyaient de mauvaises vibrations. Au moment où j'arrive devant chez moi, elles sortent et m'appellent : « Madame Rykiel, madame Rykiel, votre mère s'est fait renverser par une voiture, là, ils l'ont emmenée. » Je chancelle, elles me font rentrer dans leur magasin, me font asseoir, et me racontent, me disent que c'est très grave. Je m'évanouis, puis je me ressaisis. Je fais machinalement le numéro de ma mère, et je tombe sur elle, très calme, qui me dit qu'elle va très bien. J'ai dit à ces femmes : « Est-ce que vous êtes folles ? » Elles m'ont dit qu'elles avaient dû se tromper, que la dame était rousse. Pour moi, ce jour-là, ça a été la mort. Ma mère était morte. Je les ai crues, alors qu'elles avaient tout inventé pour me faire du mal. De la méchanceté à l'état pur.

Avec ma mère, on ne parlait jamais de la mort ensemble. C'était tabou. J'ai essayé, avant qu'elle ne soit très malade, parce qu'après ça aurait été trop tard. J'avais des choix à faire, qu'il m'était difficile de faire sans être sûre qu'elle soit d'accord, mais je ne pouvais pas lui en parler frontalement donc j'utilisais des ruses. Par exemple, mon père était enterré au cimetière de Bagneux dans un caveau de famille avec ses parents, mais moi je me disais que maman devait être enterrée à Montparnasse avec Jean-Paul Sartre et Simone de Beauvoir, ça me semblait évident. Sauf que c'est quand même une drôle de décision à prendre, c'est lourd. Mon frère Jean-Philippe était d'accord avec moi. J'ai donc voulu en parler avec elle pour essayer de sentir, au feeling, son avis… Ma ruse ? Ramener les choses à moi. J'ai dit : « Quand on mourra, toi, Jean-Philippe et moi, ce ne serait pas mieux qu'on soit à Montparnasse plutôt qu'à Bagneux ? » Et elle a répondu : « Oh oui tu as raison ! » Hop, j'ai eu son assentiment, donc je me suis occupée du reste. De temps en temps, comme ça, j'arrivais à avoir des réponses. Tout ce que j'ai fait en mon âme et conscience, je sais que je l'ai bien fait. Comme quand je lui ai dit d'arrêter d'aller saluer à la fin des défilés… Elle s'en remettait à moi, j'étais son garde-fou, elle allait très loin, car elle savait que je l'arrêterais à temps.

Le plus dur, c'est de voir ses parents redevenir des enfants. À la fin, elle m'appelait maman. À partir de là, j'ai dit d'accord, mais tu restes ma mère. Elle m'a dit oui. C'était énorme.

Honnêtement, les cinq dernières années de sa maladie de Parkinson ont été un vrai cauchemar. Ma mère était la grande histoire d'amour de ma vie, ça a été horrible de la voir comme ça. Je me suis sentie impuissante, mais en même temps il y a une beauté dans tout ça, la beauté du cycle de vie. De nos jours, on n'accompagne plus les anciens, on ne les voit plus vieillir ni mourir, et d'avoir pu faire tout ce que je pouvais pour l'aider, tout ce que je pouvais au monde, fait que je n'ai aucun regret. Et puis j'ai le sentiment d'une boucle qui s'est bouclée. En mourant, ma mère est, en quelque sorte, à son tour entrée dans mon ventre. Aujourd'hui, elle est en moi, je la porte comme si j'étais enceinte. J'ai une force en moi, elle est là, j'en suis sûre et ce n'est pas du tout mystique. Je ne savais pas du tout comment ce serait quand elle ne serait plus là, mais cet accompagnement ultime m'a apaisée. J'ai tout fait pour qu'elle souffre le moins possible, j'ai eu la chance d'avoir les moyens financiers pour ça. Mais même avec de l'argent, et même en s'appelant Sonia Rykiel, on vit des choses affreuses. J'étais là en permanence, c'était une chance au-delà de l'argent. Finir sa vie en France dans la dignité, ce n'est pas si facile. À l'évidence, les hôpitaux manquent d'argent, et parfois de recul. Je me souviens d'un jeune chirurgien qui voulait à tout prix opérer notre mère, c'était de la pure bêtise. Je lui ai dit : « Monsieur, elle souffre tellement, quel est l'intérêt ? » Et heureusement la gérontologue est allée dans mon sens, elle a dit qu'il n'en était pas question.

La loi Leonetti[1] n'est pas suffisante, elle n'est pas intégrée dans les mœurs…

En ce qui me concerne, j'ai clairement expliqué à mes filles que je ne souhaitais pas être dégradée à ce point pour mourir. Je laisserai des instructions, je l'ai dit autour de moi, il faut que je les écrive. Mon compagnon pense comme moi. C'est difficile de donner cette responsabilité à ses enfants, mais c'est quand même un choix qui leur incombe… Et n'est-ce pas encore plus difficile s'il n'y a pas d'instructions ? Mon combat n'est pas la vie à tout prix, même si, évidemment, lorsqu'on tombe malade on ne veut pas forcément mourir et on s'accroche parfois au moindre souffle de vie… Je ne veux pas être inhumaine avec moi-même. On ne peut pas savoir comment on réagira. Mais, par exemple, moi qui suis une grosse migraineuse, quand je suis en crise, si on m'annonçait que ça doit continuer comme ça, je

1. La loi Claeys-Leonetti, adoptée le 27 janvier 2016, accorde de nouveaux droits aux personnes en fin de vie.

préférerais mourir. C'est trop douloureux, alors on veut juste que ça s'arrête. J'ai déjà pensé au suicide dans des épisodes de très grave dépression, notamment dans des moments insoutenables de la maladie de ma mère, mais jamais je n'ai été jusqu'à imaginer comment. C'était juste une envie de faire taire la souffrance. Et je pense que la barrière est infranchissable quand on a des enfants. Enfin, je ne peux pas parler pour les autres, certains ont des enfants et se suicident quand même. Mais, à titre personnel, je crois qu'on ne peut pas leur faire ça. Parce que se suicider ça donne un message très clair, celui que la vie ne vaut pas la peine d'être vécue. On leur donne la vie et on doit les aider à la vivre. Se suicider, c'est leur dire qu'on n'est pas là pour eux. On n'est pas obligé d'être parfait, mais on doit être là. Se tuer, c'est démissionner. Je n'emploierai pas le mot de lâcheté, car quelqu'un qui se suicide est désespéré, on ne peut pas juger. Mais je crois qu'un enfant ne peut pas se remettre du suicide d'un parent. Ça veut dire : « Je ne t'aime pas suffisamment pour rester en vie. Tu ne me retiens pas à ma vie. »

J'ai eu d'immenses chagrins d'amour, car je suis une grande amoureuse, mais je ne me serais jamais suicidée par amour car je crois que tant qu'il y a de la vie, il y a de l'amour. L'amour revient toujours.

J'oublie toutes les dates de mort, sauf celle de maman, parce que ce sera impossible d'oublier. Elle est morte le 25 août et elle était née le 25 mai. Ce n'est pas un hasard. Pour papa, je n'ai jamais voulu m'en souvenir, je ne peux pas vous la dire.

Je me rends sur la tombe de ma mère très régulièrement, mais beaucoup moins souvent sur celle de mon père. C'est une approche de la mort qui est nouvelle pour moi. Je pense que je vais revenir sur celle de mon père. Non pas par culpabilité, c'est mon rapport à la mort qui a été modifié. Là j'ai vécu quelque chose de très profond, qui m'a changée. Je pense que quand on va sur la tombe des morts, c'est d'abord pour soi, pas pour eux, ils n'en ont rien à foutre. Lorsque je vais au cimetière, je me fais un film, j'ai des moments entiers où je pense à eux. Je n'oublierai jamais le moment où maman est morte, vraiment morte, et où j'ai dit : « Non, vous ne l'emmenez pas. »

C'était donc en août, c'était la canicule, et ils ont voulu l'emmener à la morgue. Mais ma réalité à moi, c'était que j'avais décidé qu'elle serait enterrée au cimetière Montparnasse pas avant huit jours. Je suis donc là avec le corps de ma mère, ils veulent l'embarquer et je dis non. J'ai remué ciel et terre, j'ai fait venir une table réfrigérante, fait installer une climatisation, il fallait que je tienne une semaine. Je vous passe les détails de la clim qui tombe en panne un dimanche…

Au tout début quand elle est vraiment morte, quand le souffle l'a quittée, j'ai vu la vie partir, j'ai même entendu le fameux râle, sa main, de tiède est devenue froide, et puis son corps a bleui, il est devenu dur, je ne savais pas toutes ces choses, j'ai assisté aux transformations, d'une façon relativement familière, avec des moments un peu inquiétants, mais pas tant que ça. Et c'est resté ma mère, toujours. On l'a maquillée, on l'a habillée, j'ai fait très attention par rapport à mes filles qui étaient un peu inquiètes, je voulais vraiment désacraliser tout ça. D'abord, j'ai fait en sorte qu'elle soit la plus belle possible. Et elle était magnifique, je lui avais mis sa fourrure, ses bijoux… J'avais vu des gens dans des cercueils qui étaient horribles, maigres, alors qu'elle se ressemblait beaucoup plus morte qu'à la fin de sa vie. Le masque de souffrance était parti. Je l'ai embrassée.

Une nuit, j'ai rêvé d'elle, quelques semaines après sa mort, c'est arrivé une seule fois, elle était très présente, elle m'a prise dans ses bras, elle était incroyablement tendre, c'était sublime. Ça ne m'a pas réveillée mais, au petit matin, je m'en suis souvenue, alors que je ne me souviens jamais de mes rêves. Un jour que je rassurais ma mère, déprimée, en lui montrant combien elle était entourée, et que je lui disais : « Et moi, quand je serai vieille, qui s'occupera de moi ? », elle m'avait répondu : « Mais moi, chérie, je serai là ! » Elle se croyait immortelle.

Aujourd'hui, elle est en moi. Je ne l'imagine ni au ciel ni sous terre. J'ai appris à vivre sans elle. Elle me manque terriblement et en même temps dans ces cas-là je me souviens d'elle à la fin et c'est une très bonne technique pour faire taire le manque. Parce que c'était trop dur.

Ma mère ne supportait pas que quelqu'un d'autre qu'elle soit mise en avant. Ma place, je l'ai faite, et je l'ai faite toute seule. Je me trouve beaucoup de mérite car je l'ai faite avec intelligence, amour, respect et ce n'était pas facile car elle ne supportait pas tellement ça et je ne voulais pas la faire souffrir. J'ai un ego. C'est un peu récent pour le dire mais peut-être que c'est plus facile d'exister maintenant qu'elle n'est plus là. Je pense que le regard des gens a changé vis-à-vis de moi. Je ne travaille plus chez Rykiel, j'ai changé de vie, je suis juste consultante, j'ai changé donc c'est normal que le regard des autres ait changé. La mort de ma mère m'a changée.

Je pense que l'écriture du livre a biaisé beaucoup de choses. Je ne le vois pas comme une thérapie. C'est mon travail, c'est ma vie. Moi j'ai plutôt l'impression d'être plus forte. De voir les choses avec plus de hauteur. « Ce qui ne tue pas rend plus fort », on connaît tous la phrase. Le fait de faire les choses à mon idée m'a beaucoup aidée. Comme son enterrement. J'y ai mis beaucoup de soin, c'était magnifique, les gens ont été touchés, ce n'était pas mondain, ça lui ressemblait, les gens qui ont parlé étaient des gens qui la connaissaient vraiment. La cérémonie s'est déroulée exactement comme je le souhaitais. Je l'ai dirigée comme un producteur d'émission, ou comme quand je mettais en scène des défilés. Ce n'était pas une cérémonie religieuse, mais elle était menée par une femme rabbin, Delphine Horvilleur. Renaud Capuçon est venu jouer du violon, ce n'était ni trop long ni trop court, le cimetière était ouvert à tous…

J'avais demandé à l'une de mes filles de s'occuper de ma tenue, je n'avais pas la force de réfléchir à ça.

Le fait de la garder une semaine à la maison avant de l'enterrer est contraire à la loi juive, qui veut qu'on enterre tout de suite les morts. Mais moi je n'avais pas le choix. Et, finalement, les amis et la famille sont venus tous les jours, tous les soirs chez moi, à la maison.

Ma propre mort ne m'intéresse pas, je n'y pense pas. Je suis quelqu'un de très anxieux, de très angoissé, ça pourrait être une angoisse quotidienne. Il y a tellement de choses qui m'angoissent dans la vie, je n'ai pas envie d'en rajouter. Quand on est mort, c'est fini. Il y a pire que la mort. Le pire, si je me faisais renverser en sortant, ce ne serait pas de mourir, ce serait de me retrouver à l'hôpital de Garches immobilisée, sans plus pouvoir écrire.

De moi, j'aimerais que l'on dise que j'étais une femme formidable, mais je crois que je le suis, que je suis un grand écrivain, mais là j'ai encore du boulot et je vais m'y atteler, une bonne mère et une bonne fille. Bonne fille je n'ai pas de doute, bonne mère c'est plus difficile. Je suis une personne honnête.

J'ai eu un parcours difficile, bien difficile, parce que j'ai un frère aveugle, parce que mon père s'occupait plus de lui que de moi, parce que ce père est mort brutalement, et pourtant si c'était à refaire je ne changerais rien. Cette mère était quand même incroyable, ma vie n'a pas été facile mais elle est riche. J'ai eu une chance incroyable.

Franz-Olivier Giesbert
Journaliste et Écrivain

« Il était quand même sympa »

Ce qui va suivre n'a rien de cohérent. C'est une succession généreuse de drames et de révoltes, de réflexions sur les échappées amoureuses, sur ce que sont les pères et les mères, en l'occurrence les siens. Franz est insaisissable, mais pourquoi tenter de le saisir ? Il faut le laisser parler, le laisser glisser dans le flot parfois contradictoire de ses aventures, de ses passions, de ses écritures. Il romance et il narre comme un journaliste soucieux de précisions qui désarment. Franz-Olivier Giesbert joue de son propre personnage, mais jamais ne cache ce qu'il peut y avoir d'obscur et trouble dans ses sentiments sur cette vie, ces morts, ces peurs et ces incertitudes qui bâtissent un destin. Journaliste, patron de presse, éditorialiste, polémiste, de bonne ou de mauvaise foi, il emporte la conversation intime vers ses propres solitudes d'homme. Et le voilà qui, soudain, se pose des questions sur le bien et le mal. Pas de jugement, pas de contrition, seulement un récit généreux fait d'une série de confidences désordonnées qui lui ressemblent.

*

J'ai été confronté très jeune à la mort. Avec mes parents nous vivions à la campagne et il n'y avait pas le tabou de la mort comme en ville. Ma mère, qui était prof de philo mais aussi adjointe au maire à l'aide sociale, était très active, toujours présente quand les voisins avaient besoin d'aide pour remplir des papiers administratifs ou quand ils étaient malades, voire mourants. Je voyais parfois des gens à l'agonie, puis morts. Je me souviens d'un homme, qui avait un cancer de la peau. Nous y sommes allés plusieurs fois, il souffrait comme un damné, et ça sentait très mauvais. Une mort triste et dégueulasse… Je devais avoir dix ans. J'embrassais parfois des morts qui n'étaient pas des proches. Le premier décès qui m'a touché de près, c'est celui de mon grand-père, j'avais dix-neuf ans. Il était mort d'une crise cardiaque, en travaillant, à une heure du matin. Je revois son corps, sa tête avec du coton dans les oreilles pour éviter les écoulements… Sa bouche était tenue par un bâillon pour qu'elle ne reste pas ouverte à cause de la rigidité cadavérique.

Quand mon père est mort, d'une crise cardiaque lui aussi, en 1979, je me souviens de son corps très abîmé. Il y avait eu une autopsie, et puis c'était l'été, il faisait chaud, ça sentait fort. J'ai alors compris pourquoi quand j'étais petit, j'entendais souvent : « N'ouvre pas la fenêtre, il n'y a pas de mort ici. »

Je pleurais tout le temps car je l'aimais comme un fou. J'aurais aimé lui dire je t'aime et je ne l'ai pas fait. Lui me l'avait fait comprendre ou sentir, et moi non. Je m'en suis voulu. Par exemple, j'avais un petit appartement à Paris, et ma mère lui avait demandé d'y faire des travaux. Je me suis rendue compte que je ne lui avais jamais dit merci… Ça m'a rendu très malheureux, c'est pour ça que j'ai écrit *L'Américain*.

Aujourd'hui, quand je pense à mes parents, ils ne me manquent pas car ils sont toujours dans ma tête. Je les visualise et je leur parle. De temps en temps, dans la rue, je m'adresse à ma mère, plus qu'à mon père, et elle me répond. Pas avec des mots, évidemment. Je fais appel à elle sur des choix à faire, des difficultés, enfin sur des choses très personnelles. C'est étrange, je suis dans la rue, je marche, et je parle comme si j'étais au téléphone, alors que non. On me prend pour un dingue. J'ai l'impression qu'à chaque fois que je sonne, elle est là ! Et je pense à elle au moins huit fois par jour… Ma mère arrive dans ma tête, comme ça, et elle occupe soudain toute la place. J'étais très fusionnel avec elle. Elle est morte en 1989. Je me dis toujours que tant que je suis là, elle vit. Quand je ne serai plus là, en revanche, elle mourra pour de bon. Je ne crois pas en la vie éternelle.

Mes parents sont très présents, comme s'ils étaient morts hier. J'entends toujours leur voix, je vois encore leurs gestes. Mais surtout, je les ressens dans les lieux. Par exemple, quand je vais dans notre maison de famille à Mérindol, dans le Vaucluse, je les vois partout. Mon père est dans les murs, qu'il a construits, et ma mère est dans le jardin, qu'elle adorait. Elle avait une passion pour les amandiers – moi j'ai une passion pour les oliviers (je précise que ça n'a rien à voir avec mon prénom, je déteste mon prénom). Là-bas, les amandiers sont sacrés. J'ai des repères dans cette maison, j'ai un côté, comme ça, on ne touche pas à ce qu'ont fait les parents. J'ai des photos d'eux sur moi, aussi. Les parents, c'est très fort… Je suis ému, là… Mon père était le plus littéraire des deux. J'avais de grandes oppositions avec ma mère qui était très cartésienne alors que moi j'étais déjà spinoziste. Elle n'aimait pas Nietzsche. Son truc, c'était Descartes et Kant, les deux philosophes les plus chiants de la philosophie. Je la désespérais, elle en était malheureuse. J'avais plus de points communs avec mon père. Je pense à lui quand je lis des livres. Je me dis : « Tiens, ça, il aurait aimé… »

Ma propre mort, je n'y pense pas. J'ai été malade, j'ai eu un cancer, mais sans doute grâce à mon éducation à la campagne, j'ai un rapport équilibré à la mort. Je ne vis pas dans la peur.

Je pense à ce que disait François Mitterrand quand il était malade. Comme lui, j'ai réagi comme un chef militaire. « Comment on s'organise ? » « Comment va-t-on gagner cette guerre ? » Et en même temps, quand je suis malade, je deviens très passif, je ne pose pas trop de questions, je m'en remets totalement au médecin. Je suis très respectueux. Je ne suis pas hypocondriaque, mais plutôt dans le déni. Je pense toujours que les choses vont finir par s'arranger. J'aime la vie, et le requiem que j'aime le plus est celui de Brahms, parce qu'il est très joyeux.

Je n'ai donné aucune instruction à personne. J'ai fait un testament il y a quelques années, mais je ne sais même pas où il est. Il faut que je le fasse de nouveau. Et sinon j'ai acheté ma concession à Mérindol, où sont enterrés mes parents. J'ai été élevé en Normandie, j'ai grandi en Normandie mais je suis un traître, je veux être enterré dans le Vaucluse.

Surtout pas incinéré ! C'est un péché d'orgueil… Je préférerais être enterré dans la terre même sans cercueil, plutôt que brûlé. L'incinération, ça me fait penser à la cantine, quand on met de la viande dans le four. Maintenant, je peux comprendre que certaines personnes, dont le corps a beaucoup souffert, puissent avoir envie de le réduire en cendres.

J'ai lu que la mort était une tache blanche, moi je la voyais plutôt comme une tache noire, mais au fond, je la visualise surtout comme une renaissance. On devient autre chose. Enfin là, on rentre dans une philosophie du recyclage. C'est mon côté bouddhiste. Pourquoi un homme serait-il plus important qu'un papillon, un renard ou une fourmi ? Cette idée ne rend pas invincible par rapport à la mort, mais elle permet de relativiser. C'est comme ça que j'en ai toujours parlé à mes enfants, peut-être trop tôt, et peut-être trop souvent, encore une fois j'ai fait comme ont fait mes parents avec moi. Ça a pu choquer, mais pour moi c'était normal. J'ai toujours verbalisé : « Ton grand-père, il va mourir. Il va aller dans la terre. Il sera mangé par les vers. Puis par les oiseaux. Qui iront dans le ciel. » C'est un cycle… La mort fait partie de la vie. C'est banal de dire ça, mais je ne veux pas me gâcher la vie en pensant à la mort. Je ne serais pas contre vivre cent cinquante ou deux cents ans de plus, même en fauteuil roulant, mais à condition d'avoir tous mes esprits. C'est plus important que tout. J'ai dit à mes proches : « Si je deviens un légume, allez-y ! » Si je suis rongé par un cancer, c'est moi qui déciderai. Il faut arrêter les souffrances. La loi Leonetti est une excellente loi, mais enfin même avant, autour de moi je n'ai jamais vu d'acharnement thérapeutique, je crois que les médecins ont toujours agi avec délicatesse et doigté. Ils laissent les familles décider avec eux.

J'aime les rituels de la mort, ils sont importants, mais je ne vais pas tant que ça au cimetière, disons une fois par an. À Elbeuf, il y a mes grands-parents maternels et paternels, j'y vais par période. Quant aux enterrements, ça dépend… Si je suis honnête, j'avoue que si j'ai trois enterrements dans ma même semaine – c'est arrivé, il y a des périodes où les amis meurent en rafale –, je passe parfois mon tour. Comme je suis un peu connu, on me demande souvent de faire un discours, c'est difficile. Je déteste les gens qui parlent d'eux-mêmes dans ces moments-là. Moi, je ne raconte pas ma vie. Et surtout, ce qui est le plus dur, c'est quand ce sont des gosses qui lisent un texte. Les enfants ou les petits-enfants du mort. Là, tout le monde a des crises de larmes, des sanglots, c'est atroce… Ils sont tellement plus perçants, ils vont dans le vif, moi ça me transperce. Je ne peux plus, je déteste. C'est au-dessus de mes forces. Il m'arrive de regretter de ne pas m'être déplacé, mais quand je n'y vais pas, c'est souvent pour me protéger moi-même.

Aujourd'hui, je ne sais pas ce que mes parents penseraient de moi. Ce ne sont plus des parents avec un regard extérieur, ils font partie de moi, je les ai intégrés. Parfois je vais dans une église et j'allume un cierge. Je dis juste merci. Ça m'amuse. À Dieu, au grand tout, enfin je ne sais pas trop ce que c'est. J'aime les églises, c'est une passion. J'aime allumer une bougie et dire merci…

Je ne pense pas à ce qu'on pourrait dire de moi quand je serai mort. Je ne crois pas à la postérité, je ne suis pas là-dedans. Le jour où des calamars géants débarqueront d'une exoplanète, ils reliront Homère, Molière et Shakespeare, mais pas mes livres…

C'est la vie. Quand je serai mort, mes lecteurs passeront à autre chose. J'aimerais juste laisser l'image de quelqu'un de sympathique, qui a fait un peu de bien autour de lui. On dit que la générosité est un cadeau qu'on se fait à soi-même, mais, au fond, ce n'est pas seulement pour soi. On se dit qu'on sert à quelque chose, c'est important de le faire.

Alors oui, j'aimerais que l'on dise : « Il nous a bien fait rire », même si je ne fais pas du tout rire les enfants, qui me trouvent trop dans l'autodérision. Ils ont horreur de ça !

Mais j'aimerais surtout que l'on dise : « Il était quand même sympa. » Tout est dans le *quand même.*

Amélie Nothomb
Écrivaine

« Entrer dans la mort les yeux ouverts »

Elle est baronne. Née à Etterbeek, en Belgique. Et c'est la première qui accepte de me parler de ce sujet si souvent tabou. Amélie Nothomb est dans un bureau cagibi, chez son éditeur Albin Michel, où des tas de livres que personne ne lira jamais sont rangés, mal. Ils semblent constituer un décor, plus qu'inviter à la lecture. Amélie Nothomb est en noir, sa couleur. Elle n'a pas spécialement l'habitude, dans ses livres, d'évoquer des drames mais plutôt des histoires insolites, des personnages rares et des intrigues incroyables. Son univers est celui de l'imagination sans contrainte. Elle met de la liberté dans ses romans. Beaucoup sont sacrifiés dans un cabinet d'oubli. Les autres sont publiés à une date fixe de la rentrée, un rituel !

Durant ce tête-à-tête, elle s'oblige à examiner, comme s'il s'agissait du plus essentiel des manuscrits, le sujet que je lui propose. Amélie Nothomb prend tout au sérieux avec cette forme d'insouciance grave d'une artiste qui serait à l'affût de la plus petite idée incongrue. La mort ? Oui, bien sûr, parlons-en…

*

J'ai failli me noyer plusieurs fois quand j'étais petite, mais on m'a toujours sauvée avant qu'il ne soit trop tard. Je n'ai pas connu non plus le phénomène de *Near Death Experience*. Rien de cet ordre. Malheureusement, j'ai une expérience commune de la mort. Je dis « malheureusement », parce que ça doit être génial de s'en approcher autant. Ceux qui ont vécu le phénomène de mort imminente en sont sortis métamorphosés.

Quand j'étais petite, je parlais facilement de la mort, comme tous les enfants. Je disais à ma mère : « Maman quand tu seras morte… » et je la voyais se défigurer. Ça m'attristait d'avoir des parents aussi conventionnels et effrayés par le mot « mort ». On ne détient pas la vérité sur la mort. On a des raisons scientifiques de penser qu'il pourrait y avoir une survie de la conscience, il faut garder espoir.

J'ai vu des personnes mortes, de loin, mais je n'ai jamais vu un mort de près. Je pense que ça me fera beaucoup d'effet quand ça m'arrivera. Ma propre mort ne m'angoisse pas du tout et je l'appréhende avec une certaine fébrilité. Je suis d'accord avec

Marguerite Yourcenar quand elle fait dire à son personnage dans les *Mémoires d'Hadrien :* « Je veux entrer dans la mort les yeux ouverts. » Je ne comprends pas les gens qui veulent mourir quand ils dorment. Moi je veux mourir en étant extrêmement consciente. Parce que je suis absolument persuadée que le moment de la mort est passionnant. Ce qui m'intéresse, c'est le mystère. Je ne sais pas ce qu'est la mort, elle est peut-être un anéantissement, peut-être pas, mais quoi qu'il en soit la mort doit être quelque chose d'exceptionnel.

Je ne juge pas les gens qui se suicident. Certains vivent des choses si dures que continuer à vivre doit être insupportable. J'ai connu pas mal de gens qui se sont donné la mort, c'est à chaque fois un choc très grand, mêlé de culpabilité car on ne peut s'empêcher de se demander : « Et si j'avais téléphoné ? Et si j'avais envoyé une lettre ? Est-ce que j'aurais pu changer quelque chose ? » Peut-être que la personne aurait fait la grande rencontre qui aurait changé sa vie. Je vois le suicide comme une erreur en ceci que, comme le disent les braves gens, tant qu'il y a de la vie, il y a de l'espoir. Et le suicide rend cet espoir impossible. Ce n'est pas un acte de lâcheté, car il faut clairement beaucoup de courage pour se suicider.

D'ailleurs, au Japon, on considère cet acte comme celui du plus grand courage, un acte de dignité. Les Japonais sont vraiment notre autre absolu, ils pensent à l'opposé de nous sur tous les sujets. En même temps, je comprends leur point de vue.

Pour moi la plus belle mort serait sans souffrance mais consciente. Somme toute, c'est une chose qui se produit assez régulièrement, donc on peut avoir de l'espoir.

Je crois aux fantômes. Moi, j'en ai vu deux, à chaque fois en Belgique, je ne sais pas si c'est lié à ma nationalité. J'ai vu des ombres blanches de nuit, dans un lieu connu pour ça, donc je pense que c'était bien des fantômes. Et je crois à la communication avec les disparus. Là encore, je n'ai aucune explication, mais je sais que l'amour est une chose si forte qu'elle permet d'installer l'autre en soi après sa mort. Je l'ai vécu avec deux disparus dont le décès m'a fait un grand choc. Mais j'ai réussi à faire le deuil car j'en suis arrivée à ce que ces personnes soient constamment avec moi. Ce n'est pas une aberration. C'est une forme de survie, l'amour survit à la mort. C'est une survie crédible. Quand le disparu est installé en soi, on lui parle et il répond. Ça ne marche pas avec tous les disparus que j'ai fréquentés de leur vivant, seulement avec deux, dont un avec qui j'en avais parlé avant sa mort. Je pensais que je ne m'en remettrais jamais, et lui me disait que le lien resterait. Il me rassurait, et il avait raison.

Les rites funéraires servent à montrer que la mort est passée par là. Je n'ai pas connu ces époques où l'on mettait des tentures sur les portes d'entrée, mais j'y vois beaucoup de bien. Aujourd'hui, on est arrivé au comble de la pudeur hypocrite, on ne dit même plus que quelqu'un est mort, on dit qu'il est parti, on n'a jamais eu aussi peur. Bon, en même temps, bien des gens qui ont porté le deuil étaient eux aussi dans une hypocrisie incroyable. Mais ce qui me déplaît aujourd'hui, c'est la façon dont la mort est gommée alors que c'est un mot qu'on devrait apprivoiser. Je n'ai pas encore perdu mon père et ma mère et je n'ose même pas imaginer dans quel état je serai... Chaque fois que je les vois, je me dis que c'est un grand bonheur de les avoir encore. Je pense à l'après, mais j'ai conscience que ça ne sert à rien d'anticiper car souvent on anticipe tragiquement alors que ça ne l'est pas forcément.

La seule chose que j'ai préparée, c'est mon testament. La mort peut arriver inopinément et, en ce qui me concerne, ce sera sans doute en traversant la rue car je traverse n'importe comment. Ce serait une mort totalement absurde, j'en ai conscience. Rédiger son testament est une bonne chose. Le prophète Ali dit : « Il faut préparer sa mort comme si on allait mourir demain, il faut préparer sa vie comme si l'on allait vivre éternellement. »

Dans mes livres, j'ai du plaisir à faire mourir mes personnages. Je ne suis pas dénuée de perversité. Dans la vie je ne ferais pas de mal à une mouche mais, en littérature, je suis comme le raja indien qui veut mourir avec toutes ses épouses. J'aime l'idée de maîtriser un personnage jusque-là, lui offrir une mort tout à fait parfaite. C'est esthétique. C'est la mort dont on rêve, une mort glorieuse. Peut-être qu'en écrivant, je montre comment je voudrais mourir moi-même.

La mort la plus perverse que j'aie imaginée ? Dans mes livres il y a souvent des assassinats, très beaux. Dans *Tuer le père*, publié en 2011, il y a un meurtre symbolique. Et il ne faut pas se sentir innocent même si le meurtre est uniquement symbolique. J'ai été tuée symboliquement plusieurs fois, et ça fait très mal. Des paroles parfois dites très légèrement peuvent tuer. Les paroles de ma grand-mère sur mon physique quand j'avais dix-sept ans m'ont tuée. Elle m'a dit que j'étais laide. Dans sa bouche c'était presque naturel, elle ne voulait pas forcément me faire du mal, à l'époque ça se faisait de dire à un enfant qu'il était laid. Aujourd'hui, on ne le fait plus, et tant mieux.

La culture japonaise me semble la plus à même d'appréhender le passage de la vie à la mort. Elle glorifie la mort, pas seulement à travers le culte du suicide, mais aussi à travers le soin apporté aux disparus. Dans le film *Departures*, de Yojiro Takita, un homme qui perd son emploi devient expert en thanatopraxie. C'est un film d'une beauté ! Il montre comment on prépare les corps japonais à être brûlés. C'est respectueux et plein d'amour. La fête des Morts au Japon est quelque chose de fort. On apporte des bateaux, des fleurs et de la nourriture qu'on envoie vers la mer pour les âmes des morts.

La mort est mieux vécue au Japon qu'ailleurs. Le sort des vieux est aussi moins monstrueux que dans notre société. Chaque famille s'occupe de ses vieux. Même si ce n'est pas facile. Même si, là-bas comme ailleurs, ils deviennent tyranniques. Mais on ne les place pas.

J'aimerais être capable de faire pareil pour mes parents, mais je ne sais pas… Ils ont soixante-quinze et soixante-treize ans, j'aimerais qu'ils restent bon pied bon œil. La suite est une problématique qui me soucie beaucoup.

La religion aide certainement, mais moi, bien qu'élevée dans la foi catholique, je ne suis pas croyante. Je suis une mystique sans religion, je crois en quelque chose que je ne peux pas identifier. Je crois en l'amour universel qu'on est tous amenés à ressentir. En soi, on peut trouver un puits d'amour inextinguible. C'est peut-être ce que tous les mystiques ont appelé Dieu. Mais quelle qu'elle soit, cette chose est plus forte que la mort.

L'enfer, le paradis sont des notions intéressantes. Mais pour les relier à la mort, les théories bouddhistes me paraissent les plus pertinentes. Le but ultime, l'immense blanc du nirvana est une théorie sublime qui n'a rien d'invraisemblable. Pour moi, la couleur de la mort, c'est évidemment le blanc.

Je n'ai jamais parlé à mes proches de ma volonté de partir dans la dignité, mais ça me paraît une évidence. Personne n'a envie de vivre au rabais et d'être diminué au point de ne plus prendre aucun plaisir à vivre. Il faut partir dans la dignité. Je ne l'ai pas écrit dans mon testament, mais je devrais y penser. Je vais ajouter une clause.

Le don d'organes aussi, je suis pour. Quelle belle survie de penser qu'on va donner ses organes à quelqu'un ! Je recommande mes yeux et mon appareil digestif, je peux manger et digérer des briques. En revanche, je ne recommande mes oreilles à personne.

Je n'ai jamais voulu avoir d'enfant. D'aucune façon. Je suis très contente de ne pas en avoir et je crois que si j'en avais, la question de la mort m'angoisserait mille fois plus. Je suis d'autant plus légère devant la mort que je ne dois pas penser au sort de mes enfants. Mes livres sont un peu mes enfants, des enfants parfaits dont le destin ne me fait pas peur.

Je préférerais être incinérée. Mais j'aimerais laisser le souvenir de quelqu'un de très vivant qui a donné beaucoup d'amour.

Mon épitaphe ? « Délicieuse ! signé les petits vers. » Mais à ce moment-là il ne faudrait pas que je me fasse incinérer !

Pierre Arditi
Comédien

« La mort, ça m'emmerde »

Il est acteur. Il joue. Il est protéiforme : séduisant et lâche, malin et naïf, mari, amant, flic, fin gourmet et grand dégustateur de vins, amuseur public quand il le faut, militant politique quand il le juge utile, sensible, ô ultrasensible aux injustices… Pierre Arditi fait partie de nos amis, c'est-à-dire de notre paysage. Il incarne au théâtre ou au cinéma une vitalité multiple qui force quoi qu'il fasse l'empathie populaire. On pourrait ainsi le croire immunisé contre la douleur, l'absence, la perte… Mais Pierre Arditi ne semble rien vouloir cacher, comme déterminé à vivre au grand jour ce qui fait mal, ce qui inquiète. Il livre ses avis, ses humeurs, ses passions et ses tristesses personnelles le plus naturellement du monde. L'acteur joue le jeu. Dans son vaste salon qui s'ouvre sur les toits de Paris, enfoncé dans un accueillant canapé, il ne met aucune barrière sur ce qu'il pense, sur ce qu'il sait, sur ce qu'il redoute. Il y a chez lui une générosité de la parole, un goût pour la pensée en mouvement. Il redoute l'indifférence. Et les silences aussi...

*

Mon premier contact avec la mort, c'est lorsque j'ai vu le visage de mon grand-père paternel, là, dans son cercueil, dans la boîte. Ça m'a marqué. Je ne l'ai pas touché. Ce visage était un visage inconnu pour moi. Je l'aimais beaucoup, c'était un petit bonhomme avec un chapeau. David. Un des rares juifs que je connaisse qui aient fait faillite dans les affaires d'import-export. Il était très entêté. C'est mon père qui me l'a raconté, parce que moi, à ce moment-là, j'avais une dizaine d'années. Le visage était sans vie mais surtout déformé. La bouche était de travers, il ressemblait à un insecte mort. C'est resté gravé pour toujours et je me suis juré que plus jamais je ne regarderais un mort. Quand on est rentrés, en taxi – on n'avait pas de bagnole –, j'ai demandé à descendre seul la rue des Martyrs, et, sur cette portion de rue jusqu'à la maison familiale, j'ai été envahi par tout ce qu'il avait vécu et je me suis senti vivant, je me suis dit : « Je ne suis pas un insecte mort », j'ai touché les poteaux, c'était incroyable de me sentir vivant. C'est la première et la seule vision de la mort physique que j'ai eue. Car je n'ai plus jamais voulu voir des visages de morts. Même pas celui de mes parents. Je les ai accompagnés, plus ou moins. J'ai accompagné ma mère jusqu'au cimetière Montparnasse, mais je ne suis pas rentré dans le cimetière. Tant que mon père était encore vivant, je ne savais même pas où était sa tombe. Je pensais à elle tous les jours, mais je ne voulais pas aller sur sa tombe. Je ne les ai pas vus morts parce que je ne voulais pas voir une tête qui n'était pas la leur. Je voulais garder l'image d'eux vivants. Je ne voulais pas emporter pour l'éternité la mort de mes parents. Ce qui est dans la boîte, ce n'est pas eux, c'est juste une enveloppe abîmée. J'habitais à côté du cimetière Montparnasse, donc je leur parlais tous les jours, j'avais peur que ma mère ait froid l'hiver.

Mon père est mort il y a six ans, j'avais dit que je ne parlerais pas et, finalement, j'ai fait un petit discours dans lequel j'ai expliqué que dans ces boîtes ce n'était pas mes parents. Où qu'ils soient, je crois à la mort pour moi mais pas pour ceux que j'aime. En tant qu'acteur, je les fais revivre quand je veux, mes parents. Ils coulent dans mes veines, je leur parle tous les jours en tant qu'homme. Mais en tant qu'acteur, quand j'ai besoin d'avoir une mémoire sentimentale et sensorielle d'eux, quand je dois réveiller quelque chose qui me bouleverse, j'ai cet avantage un peu pervers, je l'avoue, je n'ai qu'à appuyer sur le bouton. C'est enfantin, c'est ma manière à moi de leur dire qu'ils sont très vivants puisqu'ils irriguent les canaux de mon art. Je les ai immédiatement en ligne de mire. Ce sont des images qui viennent comme ça, jamais les mêmes, des événements heureux ou malheureux, qui m'envahissent et ne ressuscitent que si je le décide. Mais je ne les revivrai plus, ce sont des larmes chaudes et douces qui coulent mais qui peuvent nourrir des larmes plus douloureuses, ça, c'est mon secret de fabrication, la méthode Stanislavski : « Sers-toi de toi pour incarner cet autre dont apparemment tu ignorerais tout. » Mes parents sont omniprésents dans mes deux vies. Quand je me balade dans Paris, et il n'y a pas un centimètre carré que je n'ai pas traversé, ils sont avec moi.

La mort, ça m'emmerde, ça ne m'arrange pas, je préfère parler de la fin. Je ne la méprise pas, mais je me bats contre. Souvent on me demande derrière quoi je cours, je réponds derrière la vie, car petit à petit l'espace se réduit. C'est pour ça que je fais trois choses à la fois. Je ne vis pas un jour, j'en vis trois. C'est ça le plus bouleversant. Moi, mon matériau de travail, d'une certaine manière c'est la vie et d'une manière encore plus précise, c'est la mienne. Donc c'est un sujet extrêmement sensible, chez moi. C'est comme une gerçure. Y a qu'à frotter et ça devient rouge vif. J'extirpe de moi des choses que mes congénères s'ingénient à enfouir pour ne pas savoir qu'ils les contiennent. Moi, je fais le contraire. Donc je vis avec des choses qui sont plus douloureuses, plus excitantes, plus perverses, par cette douleur qui est presque bienheureuse par moments, comme disait Birkin quand elle tournait *La Pirate* avec Jacques Doillon. Sentant des larmes de douleur sur ses joues, elle était magnifiquement heureuse de les avoir fait couler. Les vrais acteurs sont infréquentables, car ils manipulent des matériaux dont les autres ont peur. Moi je n'ai jamais eu peur de ça. D'ailleurs, avec le temps je n'ai plus peur de rien. Il y a des choses qui m'emmerdent mais je n'ai même pas peur de la menace. On n'a plus peur à mon âge. Interpréter quelqu'un qui va mourir, c'est tout le problème, puisqu'on ne sait pas ce que c'est que la mort. Il y a tout un chapitre stanislavskien, comme ça, sur l'incarnation de quelqu'un qui va mourir. Comment on fait ? Alors, il faut sans doute projeter ce qui pour soi représente la mort. Pour moi, ça peut être simplement le visage de mon grand-père, la descente de la rue des Martyrs de ce petit garçon de dix ou onze ans qui décide qu'il sera vivant quoi qu'il arrive, ça peut être la fin de ma mère à laquelle j'ai lâchement omis d'assister pour ne pas la voir. Un abandon ? Non. Quand ma mère est morte, d'un cancer, à soixante-treize ans, j'étais chez moi, il y avait des répondeurs téléphoniques à l'époque, mon père a dit sur un premier message : « Je crois que là on est arrivé au bout, ce serait bien si tu pouvais venir. » Une heure après il en a laissé un autre pour dire : « C'est bientôt terminé, viens aussi vite que tu peux. » Je n'ai pas répondu, et je ne suis pas venu. Et au troisième message, il m'a dit : « C'est fini tu viendras quand tu pourras. » Là, je suis parti. Je ne regrette rien. Je ne sais pas si je lui ai tout dit, je lui en ai dit beaucoup et je continue d'en dire. Non je ne regrette pas, je ne voulais pas emporter le visage de ma mère morte avec moi. Mon père a vu, ma sœur a vu, moi je me suis mis au fond du couloir, et j'ai beaucoup pleuré, c'est monté tout de suite mais je ne voulais pas voir ça. Chacun emporte le poids et la culpabilité qu'il veut. Moi je dis aux chrétiens que je n'en ai rien à foutre de cette culpabilité. Je suis d'ailleurs persuadé que je reverrai mes parents un jour à un coin de rue.

Une suite après la vie ? Non, je n'y crois pas pour moi, mais j'ai la naïveté de croire que les autres, quelque part, voient tout ça. Je ne suis pas sûr que ça me rassure mais je n'ai pas envie que ça s'arrête pour moi, ni pour eux. Quelqu'un est mort quand on ne pense plus à lui, mais ce n'est pas le cas pour mes parents. Je ne pense pas de la même manière à ma mère et à mon père, même si ça a la même puissance. Je cultive « ça » comme on entretient une fleur. Il n'est pas question que ça cesse. C'est assez étrange d'ailleurs. Il y a des gens que je n'ai pas tellement connus et qui me manquent. Yves Montand me manque. On se connaissait, on s'aimait bien mais on ne se connaissait pas plus que ça. Il m'a plu, je l'admirais. Parfois je tombe sur une vieille affiche et il me manque. J'ai revu *Le Sauvage* avec Catherine Deneuve, il était beau, il avait du charme, il avait la petite cinquantaine avec de la gueule, il dégageait quelque chose qui me manque aujourd'hui.

C'était mieux avant, je trouve que le niveau général a cruellement baissé, on est dans des postures à la con, l'esprit de sérieux…

Célébrer, rendre hommage, j'en ai marre. J'ai brièvement traversé la vie de Barbara, là oui, rendre hommage c'est naturel, normal, elle a beaucoup compté même si je ne me suis jamais étalé sur l'histoire. On la voit incroyablement singulière, ailleurs, elle survole beaucoup de choses. Célébrer quelqu'un qui a marqué son temps, très bien, mais après, la « compassionnite » aiguë m'emmerde. Je suis tout à fait solidaire avec la douleur de ceux qui restent, mais à un moment, il faut cesser de geindre. Je n'ai pas la culture de la plainte. Alors d'accord, la vie était plus facile avant, quand on perdait un boulot et qu'on en retrouvait un dans les dix minutes. On ne peut gueuler que du haut de ce que l'on fait. Ce n'est pas très à la mode comme discours, j'en ai conscience.

Je ne parle pas de la mort, de ma mort, avec mes enfants. Je déconne avec ça, mais ce n'est pas à l'ordre du jour. C'est ce que disait Jean Cocteau : l'embêtant quand on vieillit c'est qu'on est toujours jeune. Alors, bien sûr, l'enveloppe se fatigue mais à l'intérieur… L'heure n'est pas venue, elle viendra brutalement. La mort idéale ? Que ça s'arrête net, dans mon sommeil. Ou sur scène, je m'en fous, enfin non je n'aimerais pas que le public qui m'a accompagné depuis si longtemps assiste à ça. C'est du romantisme à la petite semaine, d'ailleurs personne n'est mort sur scène, même pas Molière. Je n'ai pas envie de mourir. Certains organisent leur mort, ils font comme ils veulent. Moi, je mets les miens à l'abri sur un plan matériel. Le reste, je n'y pense pas. Je ne sais pas ce que l'on dira de moi. Dans la vie, il y a les gens qui commentent et il y a les gens qui font. Moi, je fais partie des gens qui font, alors j'aimerais qu'on reconnaisse ce que j'ai fait. Je me suis parfois trompé, mais j'ai toujours été sincère. En gros, j'aurai été un honnête homme. Après il y a des gens que j'énerve, certains que je me félicite d'énerver. Ça m'est égal. Je suis très remonté sur certaines choses, mais, au fond, la seule personne avec laquelle je suis en compétition, c'est moi, pas les autres. En soixante-douze ans de vie d'homme plus ou moins réussie, je pense que j'ai fait à peu près ce que je voulais faire, humainement parlant. Quand je pense à certaines personnes, je me dis que je suis plus courageux. Certains auront été assez lâches, avec eux-mêmes ou avec les femmes. Les femmes, je leur dois tout. J'ai appris à être courageux dans les relations, à dire quand ça ne va plus, à regarder en face les situations. On est l'acteur de l'homme qu'on est. Quand je suis avec les autres je m'intéresse à eux, contrairement à des tas de gens qui ne parlent que d'eux-mêmes. Ça me fascine, ces gens qui ne parlent plus que de leur propre personne.

De la dissimulation ? Non. Les protections, ça ne sert à rien contrairement à ce qu'on croit. Se protéger et faire de soi un village gaulois pour que personne n'aille jusqu'au cœur, ça n'a aucun intérêt. Après, on peut être blessé, fragile, ce n'est pas facile tous les jours, mais quand on ne se dissimule pas, on touche parfois des choses plus rares et plus importantes qui permettent de vivre mieux, ou moins mal.

Alors, évidemment, comme disait Wolinski : « Avoir des problèmes métaphysiques c'est acceptable à condition de ne pas avoir de problèmes d'argent… »

Le paradis et l'enfer sont des mots qui ne recouvrent rien pour moi. C'est une langue étrangère. Comme la religion l'est, et particulièrement en ce moment. J'ai pu être intrigué par le catholicisme, la religion juive. Je fais partie d'une famille juive non pratiquante, mon père était communiste, laïc, tandis que ma mère était croyante, elle a été catholique, protestante, mormone… Elle a tout fait ! Elle n'était pas bigote, mais ça a illuminé sa vie. Elle avait besoin de ça, ça la nourrissait et nous, on était tout à fait extérieurs à ça. La religion a beaucoup massacré, dans l'histoire. Aujourd'hui, c'est pire que tout. Il y a une radicalité, et pas que chez les musulmans. Regardez « Sens commun » chez les cathos… On peut se poser des questions.

Je revendique une spiritualité laïque, c'est mon droit le plus strict. Ce n'est pas parce que je ne crois pas en Dieu que je ne crois pas en l'Homme. Je touche tout ça autrement, je refuse d'appeler Dieu tout ce que je ne comprends pas, comme disait Roger Martin du Gard.

Quand on projette vers l'autre un désir d'une société qui apaiserait, qui séduirait, qui interrogerait, on ne le fait pas que pour des raisons mécaniques. Quand je rentre en scène, je ne fais pas qu'exécuter un contrat. La preuve, quand je rentre en scène j'arrive avec un bagage tout à fait personnel. Et pour faire ce boulot, il faut livrer quelque chose de très personnel, de très intérieur. Ce n'est pas mécanique, c'est spirituel. Alors les leçons de morale, merci !

Faciliter la fin de vie ? Oui, je suis pour. L'homme est maître de sa propre existence, même s'il n'en est que locataire et doit rendre la vie à un moment. Je n'ai jamais pensé au suicide, mais je sais que si un jour je décide que ça doit s'arrêter je n'aurai besoin de personne, je sais comment faire. Je ne me laisserai pas comme mon père détruire par Alzheimer. Pour lui ça a duré huit ans, et il a vu que ça commençait à se gâter, alors il a dissimulé… Moi je crois que je saurai anticiper. Peut-être que je serai moins catégorique quand ça me tombera dessus, mais je ne voudrais pas me laisser dégénérer. J'aimerais prendre les devants, comme la maman de Lionel Jospin. C'est magnifique, ils se sont dit au revoir. C'est un acte merveilleux. Exemplaire. On est arrivé au bout du voyage, alors on se dit au revoir de façon sereine, sans doute douloureuse, mais on se met tous d'accord et on va faire un tour. Idéalement, ce serait ça. Peut-être que je serai fauché autrement et que je n'aurai pas le temps de mettre ça en place. Je comprends qu'une mère refuse de débrancher son enfant, comme la maman de Vincent Lambert, mais bon… C'est terrible, ce déchirement, cet acharnement autour de quelqu'un qui ne s'exprime plus.

La mort de mes enfants, je ne peux pas l'envisager. L'histoire dit qu'ils mourront après moi. Je m'accroche à ça. Je pense souvent à Bernard Giraudeau, devenu doux et fragile quand il est tombé malade. J'ai été touché par la fin de sa vie. Il était fatigué, il a lâché prise. Je pense qu'à un stade, on ne se bat plus, on a fait ce qu'on a fait, pas toujours ce qu'on avait à faire mais on se dit c'est bon, ça va, il faut que je me repose.

Petit à petit, je commence à me dire que la vie c'est ça, mais pas seulement. Il y a autre chose, je peux aussi me promener dans cette ville que je connais par cœur, ou à la mer, main dans la main avec ma femme, je sais que ça ne durera pas donc ce serait dommage de ne pas en profiter pendant que c'est là. C'est une conjugaison différente de la vie. Il n'y a pas de rempart à la mort. Il y a des chemins de traverse, mais elle est tellement forte qu'elle est partout. On croit qu'on peut la contourner mais non, un jour donné, elle réapparaît. Alors, j'aime toujours faire mon métier mais parfois je me dis : Une pièce de plus ? Un film de plus ? Les gens me connaissent, ils ne vont pas me redécouvrir. J'ai envie de dire : « Je l'ai déjà fait », même si aujourd'hui, je le fais de manière plus puissante car ce que je contiens est plus puissant. Je suis arrivé à un moment de ma vie où je peux simplement être, mais il n'y a pas que ça. Sur mon balcon, il y a une très jolie vue, qui me rappelle la vue de mon enfance rue des Martyrs, les toits de tôle… Ce n'est pas un vis-à-vis, mais une géographie d'échappatoire, comme un tableau, c'est mon père qui m'a appris à regarder ça. Je vois ou je revois beaucoup de choses.

J'appelle la mort « la mort ». Le jour de l'enterrement de Philippe Noiret, mort le 23 novembre 2006, Jean-Pierre Marielle a dit à Claude Rich : « Mets ton casque mon grand, c'est la guerre. » Moi, je n'ai pas de temps à perdre avec ça. L'injustice, c'est quand on part plus tôt. Je suis entouré de gens qui vont partir, plus ou moins jeunes, il y a toute une génération qui sera de la prochaine charrette et il y en a d'autres dont je ne citerai pas les noms, qui partiront aussi bien avant. Aujourd'hui, je suis plus entouré de gens morts que de gens vivants. De gens qui représentent quelque chose pour moi. Les jeunes auteurs de théâtre aiment écrire pour moi et j'en suis très flatté. Il faut toujours se souvenir de ce qu'on s'était juré quand on était ado. Quand j'avais dix-sept ans, au cours d'art dramatique, jamais je n'aurais imaginé tout ce qui allait m'arriver. Ma vie n'est pas un rêve, elle est juste ma vie. Il y a cette célèbre phrase : « La vie ne vaut rien, mais rien ne vaut la vie… » Ce que j'ai fait est magnifique. Disons que je suis allé là où je voulais aller. Ma vie est précieuse. Je ne veux pas pleurer sur ce qui n'est plus, mais être heureux de qui peut être. Je n'aime pas parler au passé, même s'il est très ancré en moi. Je ne balaie pas ce que j'ai traversé, mais j'ai traversé un monde qui n'existe plus. Le monde de quand j'étais enfant n'existe plus, je traverse un autre monde qui souvent m'intéresse et qui m'est parfois étranger, mais à l'époque c'était déjà le cas, si ce n'est que j'étais une force vive tandis qu'aujourd'hui je ne suis qu'un acteur spectateur. Un jour Yann Moix m'a dit : « Quand vous parlez on se souvient longtemps de ce que vous avez dit. » C'est un joli compliment…

Le risque zéro n'aurait aucun intérêt. Vivre c'est risqué, la preuve : ça finit toujours mal, il ne faut pas se le cacher. J'appartiens à une génération qui a été élevée dans le contraire de tout ça. Je n'aime pas les tabous. Mon père m'a appris les choses majeures et essentielles. Aujourd'hui, on vit dans la société du spectacle, tous les mômes veulent devenir acteurs, il ne faudrait pas avoir mal, ni courir de risque… Moi, quand, petit, j'ai demandé à ma mère : « C'est quoi la mort ? », elle m'a répondu : « Ce n'est rien du tout. C'est comme quand tu dors sauf que tu ne rêves plus. » Ça m'a traumatisé pour le restant de mes jours, c'est pour ça que je ne dors plus…

Alors, il ne faut pas en parler trop tôt, il faut un peu éluder. Mais on vit dans une société infantile. Quand je vois des vieux chauves sur le dessus avec un catogan derrière et qui font de la trottinette, je ne comprends pas. Ça ne me gêne pas du tout, hein, mais bon… ça m'emmerde. La « boboïtude » m'emmerde. La vérité, c'est que les bobos sont des bourgeois. Nous, on a dépavé les rues parce qu'on voulait le contraire de ce qu'ils veulent aujourd'hui. Les vélos, ce sont les nouveaux tueurs. Ils ne s'arrêtent pas au feu rouge, les autres ne les intéressent pas beaucoup, sauf ceux qui leur ressemblent, alors que moi j'ai toujours fréquenté les gens qui ne sont pas comme moi.

Dans ma vie, il y a des bruits, des couleurs, des sensations, des sentiments, mais pas d'odeurs. Ou très peu. Le parfum de ma mère, c'était ma mère elle-même. Unique. Son corps quand elle nous prenait contre elle dans son lit. Sa voix, sa silhouette…

Les auteurs qui ont le mieux parlé de la mort ? Maupassant. Il a parlé de la vie, l'amour qui tout d'un coup se blesse, se déchire, s'abîme et donc, d'une certaine manière, meurt. Ce n'est pas forcément la mort. Stendhal aussi, Proust aussi… Il parle de la mort tout le temps, pourrait-on dire. Quand les grands écrivains parlent d'eux, ils parlent de nous. Il y a un passage magnifique sur la mort du père de Michel Onfray dans la préface de *Cosmos*. Un chef-d'œuvre. Est-ce qu'il parle de la mort ? Non. Mais de la manière dont son père a vécu et dont il a vécu à côté de son père. Il décrit sa mort, et pourtant il parle de la vie. Becket aussi, parle de la mort. Quand on sait parler de la vie, on parle forcément de la mort. Quand la vie s'abîme, on comprend qu'elle est mitoyenne avec la mort.

Michèle Laroque
Comédienne et Réalisatrice

« Il ne va pas très bien »

C'est mieux qu'un Lexomil, c'est de la joie en barre ! Et pourtant… Être comédienne, comique, s usceptible de déclencher des éclats de rire, de faire lever des salles entières par une saillie finement prononcée, un geste, une attitude n'est pas à la portée de n'importe qui. Il est tellement plus difficile de faire rire que de faire pleurer. Michèle Laroque s'y essaie et réussit fort bien. Évidemment, il est toujours un peu simpliste de parler d'envers et d'endroit et de souligner combien les clowns sont aussi des êtres susceptibles de tristesse et de gravité. Michèle Laroque dégage une formidable envie de se battre, d'user de sa liberté, de se moquer de tout et d'elle-même, d'être dans la dérision et la folie des situations les plus absurdes. Est-ce son début de vie qui l'a rendue si apte à afficher cette gourmandise de l'existence…

*

J'ai frôlé la mort à l'âge de dix-neuf ans. J'ai eu un très, très grave accident de voiture et je me suis retrouvée dans le coma pendant environ six heures. Je suis retournée sur les lieux, mais aucune image ne me vient. Je me souviens uniquement du départ, j'étais avec une amie, on sortait d'un tournoi de tennis et elle venait de perdre. On était sur le parking, et j'ai dit à un garçon que l'on connaissait, en rigolant : « Oh là là, elle vient de perdre, elle va être énervée, on va avoir un accident. » Je l'ai dit comme ça, sans le penser. Et puis après, plus rien jusqu'à mon réveil, alors qu'un interne recousait ma plaie ouverte sous le menton. Il m'a dit : « Alors, on voit un beau garçon sur la route et on l'emmène ? » Je ne comprenais pas pourquoi il me demandait ça, je lui ai répondu : « Ça va, vous vous sentez bien ? » Je ne comprenais vraiment pas de quoi il me parlait. Et puis il m'a expliqué que nous nous étions écrasées sur un arbre, et que, devant cet arbre, il y avait un garçon qui fumait une cigarette. Il a été propulsé mais heureusement, il n'est pas mort.

C'est assez bizarre, je n'ai pas « conscientisé » le fait que j'avais failli mourir. Je ne l'ai pas ressenti. Je n'ai pas eu peur. Mais ce qui est très troublant, c'est qu'en me réveillant, ou peut-être le lendemain, j'ai dit : « C'est affreux, j'ai failli mourir sans savoir si j'étais bonne ou mauvaise comédienne. » Je me suis entendue dire ça, sans avoir pensé cette phrase avant. Je l'ai dite comme si elle était sortie sans mon approbation ou mon raisonnement. Donc je pense qu'il s'est passé quelque chose pendant ces six heures de coma.

À ce moment-là, j'étais en fin de première année de fac de sciences éco et d'anglais, et, bloquée pendant des mois dans cet hôpital – je suis restée un an sans marcher et j'ai subi onze opérations –, j'ai commencé à écrire beaucoup. J'avais besoin de me débarrasser de traumatismes, de fardeaux, j'écrivais, j'écrivais... Je n'ai pas gardé ces écrits donc je ne sais plus si c'était avec colère ou avec peine, mais je me souviens avoir « apprivoisé » les adultes. Avant je les fuyais, et là c'était la première fois que je me retrouvais dépendante d'autant d'adultes à la fois. J'ai découvert qu'ils n'étaient pas tous intelligents ni ennuyeux, j'aimais leur contact, et, grâce à l'écriture, j'étais vraiment patiente. J'étais joyeuse, je faisais le clown, c'est une vraie façon de respirer et de vivre quand on est très sensible. Je n'avais aucune appréhension pour l'avenir, alors qu'on a failli m'amputer. J'avais le fémur en dix-huit morceaux. Et c'est parce que je faisais rire les infirmières de mon étage qu'elles ont refusé qu'on me change de service. Je devais descendre juste en dessous et elles ont tout fait pour me garder. Plus tard, elles m'ont expliqué pourquoi elles avaient fait barrage :

si j'étais descendue, le chirurgien qui m'aurait opérée m'aurait sans doute coupé la jambe faute de savoir comment reconstruire mon fémur. Il avait mauvaise réputation. Elles ont tout fait pour qu'un jeune médecin, plus compétent, me prenne en charge. Résultat, j'ai gardé ma jambe. Et plus tard tout est revenu parfaitement bien, j'ai pu refaire tous les sports que j'aime. Je n'ai que des cicatrices.

La première personne que je craignais tellement de perdre, c'était ma grand-mère, qui m'avait élevée et qui comptait beaucoup pour moi. Nous étions très liées. Elle est tombée malade quand j'ai eu mon accident. Elle s'est d'abord cassé le col du fémur, et, quand j'ai décidé d'être actrice et de quitter la côte d'Azur pour la capitale, elle a commencé à perdre un peu la tête, à avoir des problèmes cérébraux. J'avais réussi le premier tour de conservatoire de Paris, j'allais la voir tous les mois à Nice. Je me souviens que j'avais fait le vœu de passer le deuxième tour à la seule condition qu'elle guérisse. Je n'ai pas passé le deuxième tour et elle a guéri. Elle est morte plus tard, le jour de ma première pièce au Théâtre des Variétés. Je jouais avec Jacques Villeret. On ne me l'a pas dit tout de suite parce que je jouais le soir ; c'est mon amie d'enfance qui est venue me l'annoncer le lendemain. Ma première réaction a été un immense soulagement car je n'en pouvais plus d'avoir tout le temps peur de la perdre. J'allais très bien, car je venais de rencontrer le père de ma fille, je jouais ma première pièce… Mais trois mois après, c'est revenu comme un boomerang et j'ai fait une grosse déprime. L'amour, les rires, ses bras, sa tendresse, sa fantaisie, tout ce qu'elle m'avait apporté m'a soudain terriblement manqué. Aujourd'hui, je sais que tout ce qu'elle m'a transmis est en moi. Je pense régulièrement à elle, mais pas si souvent, et de manière détachée. Avec beaucoup de sourires et de tendresse. Elle m'a fourni quelque chose d'essentiel.

Je fais parfois appel à ceux qui sont partis, plutôt à mon père, à qui je demande de la confiance en moi, de l'aide pour prendre les bonnes décisions, et il est très présent. Finalement, je communique plus avec lui depuis qu'il est décédé, parce que s'il a été un père extraordinaire, il n'était pas facile de partager avec lui. Son exigence était énorme. Par exemple, juste après mon accident de voiture, à mon réveil, la première chose qu'il m'a dite alors que j'étais cassée de partout, c'est : « Je ne te dis rien maintenant, mais on en reparle dans quinze jours. » Et il l'a fait ! En colère, il m'a dit : « Tu n'as pas le droit de faire ça à tes parents ! » Avant qu'il ne meure, on s'est beaucoup parlé, et j'ai compris à quel point il m'avait aimée. Pendant très longtemps, il s'était senti responsable de ma vie, ça le stressait infiniment. Par souci de me voir être la meilleure, il était très dur non pas pour me casser, mais pour me tirer vers le haut. À partir de là, ça a été très fort entre nous. Il a admis oralement qui j'étais. Un jour je ne sais plus pourquoi, peut-être parce que ma fille passait un examen, on évoquait mon bac. Je lui ai dit : « Tu sais, je me souviens qu'en histoire-géo j'ai eu dix-neuf sur vingt. » Et là, trente ans après, il m'a répondu : « Mais c'est formidable ! »

Quand j'étais à l'école, il n'avait jamais voulu voir ce que j'accomplissais, ne m'avait jamais fait un compliment et là, pour la première fois, il réalisait et s'octroyait ce plaisir-là. Je crois qu'il a tardivement compris que j'avais réussi à ma façon ma vie affective et professionnelle et qu'il pouvait être un peu plus relax. Dommage, il est mort peu de temps après.

Je garde de lui l'image d'un père assez sauvage. Quand quelqu'un sonnait à la porte de l'appartement, ma mère allait ouvrir, très avenante, et moi je courais me cacher dans la salle de bains. Souvent, il y était aussi, pour les mêmes raisons. Nous étions des solitaires. Ma mère, elle, assurait le côté social.

Il est décédé un mercredi. On a laissé ma mère avec lui, ma fille et moi sommes arrivées le jeudi matin. Là, on a passé un moment extraordinaire toutes les trois à côté de mon père, à parler autour de lui, à remuer les souvenirs, on est sorties de là au bout de deux heures, illuminées. C'était gai. Je tenais à ce que ce soit comme ça. On ne parle pas de la mort dans notre civilisation, on ne sait pas s'en servir pour bien vivre et je le regrette.

Pour habiller mon père, ça a été facile. Il fait partie de ces gens qui s'habillent de la même façon toute leur vie.

Pour l'enterrement j'ai dit à ma mère : « Soyons fidèles à papa et n'invitons que ses très, très proches autour de lui. » Il avait un ami extraordinaire qui vit toujours, d'ailleurs, mais qui n'a pas pu venir. Nous étions peu nombreux. Mes amis les plus proches ont tous pris l'avion de Paris pour Nice. C'était émouvant et joyeux à la fois, de se retrouver là, dans la maison, tous ensemble. Nous avons même ri quand la mère de mon amie d'enfance, qui devait commencer à perdre un peu la tête, m'a dit en partant : « Merci, Mimi, de nous avoir invités, ça nous a bien changé les idées ! » Tout ça en sachant que mon père était sur son lit de mort, dans la pièce d'à côté.

Je tenais à cette légèreté, je ne voulais pas que ma fille connaisse ce que j'ai ressenti au décès de ma grand-mère. Très tôt je l'ai habituée à l'idée de la mort. Quand elle avait cinq ans, elle avait un petit poisson rouge. Quand il est mort, je l'ai appelée tout de suite en lui disant : « Viens vite regarde, il est mort. » Elle lui a rendu hommage, merci, toto, je t'ai aimé, merci de m'avoir apporté de la joie, et hop à la poubelle. C'était léger.

Donc avec mon père, ce moment entre femmes autour de lui a été incroyablement bénéfique, il nous a réunies de la plus belle façon qui soit. Le moment difficile, c'est quand on met le corps en bière. C'est le symbole de la vraie séparation. Il était très important pour moi de ne pas retenir son âme, qu'elle monte le plus vite et le plus haut possible. J'ai ma croyance, qui n'est pas religieuse mais qui a un côté divin, je pense qu'une vie sert à faire évoluer l'âme. Je crois en l'homme, je crois en l'âme. Ma croyance, c'est que Dieu, c'est nous. C'est une force supérieure qu'on va alimenter si notre âme évolue. Quand on est mort, le corps redevient poussière mais l'âme non. C'est ce que je ressens, sans aucune certitude.

Quand je pose des questions à mes morts, ils me donnent la réponse. Des choses impossibles que j'ai demandées sont arrivées, donc je m'interroge. J'adore cette histoire : quelqu'un est au volant de sa voiture, il a un rendez-vous mais ne trouve pas de place. Il dit à Dieu : « Si tu me trouves une place le plus vite possible et le plus près possible, je te promets de faire toutes les prières et toutes les offrandes que tu veux. » Il arrive sur le trottoir à l'adresse du rendez-vous et là, il n'y a plus aucune voiture, il y a même quatre places rien que pour lui. Alors il baisse sa vitre, regarde vers le ciel et dit : « C'est bon, ne t'emmerde pas, j'ai trouvé. » Eh bien voilà, c'est ça. Est-ce qu'on a envie de voir ou pas ? Je ne suis pas obsédée par tout ce qui peut être d'une autre dimension, mais j'ai un peu tendance à voir des signes qui tombent à des moments opportuns. On peut toujours trouver des explications logiques, scientifiques, philosophiques, mais peu importe, moi je m'amuse à y croire, ça me donne la sensation que tout est possible, qu'il n'y a aucune règle. Certains événements m'ont prouvé que l'impossible n'existe pas. Parfois ce qu'on n'imagine pas réalisable finit par arriver. C'est plein d'espoir, de joie et de curiosité. Rien n'est écrit, et ce qui l'est, on peut le contourner. On ne peut pas tout contrôler, mais on peut se servir de tout pour rendre sa vie très belle.

Quand ma fille était petite et qu'elle n'osait pas faire quelque chose, comme aller toute seule aux toilettes dans un restaurant parce qu'elle était timide, je lui disais : « N'oublie pas que tu vas mourir », ce qui choquait terriblement mon entourage. Elle, elle le prenait bien. Les jours où je suis un peu déprimée, je pense à ça. Si c'était mon dernier jour, ce qui est possible car on ne sait vraiment pas, je me dis que j'ai tout ce qu'il faut, et même beaucoup plus, donc ça me permet de très bien vivre la journée et de passer ce moment qui aurait pu être très pénible. Je me souviens avoir aussi dit à ma fille : « On va mourir, tu te rends compte ! » Et elle m'a répondu : « Les hauts, les bas, les hauts, les bas, faut que ça s'arrête ! » C'est vrai, mais il faut savoir vivre les hauts, comme les bas. Il y a toujours quelque chose à comprendre. Les épreuves sont là pour nous faire évoluer. Quand on prend conscience de la mort, on devient responsable de sa vie. Pourquoi j'ai eu besoin de cet accident de voiture ? Ce n'est pas un hasard. Sans lui, je n'aurais jamais osé dire à mes parents que je voulais être comédienne. Cet accident m'a permis d'être dans mon chemin. C'est nous qui créons nos épreuves. Certaines personnes ne supportent pas cette pensée et préfèrent rester victimes, moi j'y crois.

J'ai toujours préparé ma fille à ma disparition, en lui montrant à quel point on a passé des bons moments, à quel point elle est forte et riche de tout ça, c'est vraiment quelque chose d'important pour moi. Quand elle était petite, qu'elle était loin de moi et que je lui disais : « Je te manque ? », mon plus grand bonheur était qu'elle me réponde : « Non. » Moi j'ai tellement souffert de la peur de perdre ma grand-mère que j'ai toujours voulu lui éviter cette peur de perdre l'autre.

Ma grand-mère, traumatisée par la mort de sa mère en 1914 et de son mari en 1940, ne nommait pas la mort. Quand quelqu'un était mourant elle disait : « Il ne va pas très bien. » Il y avait une peur, mon père l'avait aussi. Avec cette impression qu'on ne peut pas échapper au vieillissement, à la maladie… On est enfermé dans des clichés, on se sent obligé d'être loyal à la façon dont sont morts nos proches, alors que pas du tout. On peut aussi mourir en allant bien.

On crée sa vie, on la mérite. La mort peut être une ennemie, je la vois plutôt comme une alliée. On se sert d'elle pour mener une vie extraordinaire. Quand on a intégré la mort et qu'on sait que tout est précieux, ça permet de vivre merveilleusement. La mort est un garde-fou pour mieux vivre.

La mort idéale, c'est quand on est prêt et en accord avec ce départ, et que tous ceux qui nous aiment sont préparés à ce départ.

Choisir le moment de sa mort ? C'est un peu comme un divorce par consentement mutuel, entre la mort et la vie…

La mort fait partie de la vie donc même au théâtre ou au cinéma, si l'un de mes personnages meurt ça ne me dérange pas.

Je lis de la philosophie, des choses spirituelles, des choses apaisantes qui permettent un détachement. Quand on est trop impliqué, trop victime d'un moment, ça ne va pas. Par exemple, le film *Brillantissime* que je viens de tourner comptait beaucoup pour moi. A posteriori, je comprends que jusque-là je me suis beaucoup fait souffrir pour arriver à faire des choses qui me tenaient à cœur. Or là, pour la première fois, tout s'est bien passé, un délice de tous les instants, je n'ai pas eu de difficultés majeures donc j'ai appris quelque chose sur moi en me débarrassant d'une fatalité, du côté « il faut souffrir », etc. Un gros truc est parti, et quand je parle de ça, je parle de la vie mais de la mort aussi. On comprend ces choses-là quand on a compris qu'on allait mourir.

Je n'ai pas peur de perdre ma fille parce que j'ai beaucoup réfléchi sur le sujet. Il y a quelque temps, en Belgique, j'ai travaillé avec quelqu'un de très intéressant sur les programmes ancestraux non conscientisés transmis de génération en génération. Cette personne m'a dit : « Ce dont on a le plus peur, c'est quelque chose que l'on désire inconsciemment. » Donc, il faut avoir beaucoup d'humilité et savoir se demander : « Que m'apporterait cette épreuve ? » Certains parents se mettent sur le dos une responsabilité invivable. Ils se sentent responsables de la vie de leur enfant, du métier qu'il va faire, de la personne qu'il va rencontrer, ce qui est impossible. On le guide, on essaie de lui montrer ce qu'on pense être bon pour lui mais après ça suffit et il fait sa vie. Quand on craint la mort de son enfant, c'est qu'on ne peut plus vivre avec la responsabilité qu'on s'est mise sur la tête. Et donc, pour éviter un drame, il suffit de vite comprendre ce pour quoi on n'en peut plus, et devenir un parent qui lâche. « Maintenant j'accepte que mon enfant n'ait pas la vie que je souhaitais pour lui » et là, hop, on n'a plus peur de ce qui pourrait lui arriver. Je reconnais que ce n'est pas évident d'accepter de voir les choses sous cet angle. Mais, grâce à ça, je n'ai pas peur qu'il arrive quelque chose à ma fille.

Ce qu'on pense de moi m'est égal. Ce qui compte c'est ce que moi je pense de moi. En revanche, ce que j'aimerais peut-être, c'est avoir fait comprendre ce que j'ai compris et qui est très agréable à vivre. Avoir ouvert quelques portes. D'ailleurs, j'agace tout le monde, car quand je comprends quelque chose, je n'ai de cesse de le communiquer alors qu'on ne peut pas faire comprendre quelque chose que l'on a raisonné à quelqu'un qui n'est pas prêt à le recevoir.

La mort c'est la résolution d'une vie. Il y a plusieurs morts. Celle dont on ne s'est jamais libéré, et celle qui libère parce qu'on est allé au bout de cette vie qu'on a bien vécue. J'ai cette drôle de sensation de n'avoir encore rien fait dans ma vie. Je ne suis pas une nostalgique, je ne regarde pas ce que j'ai fait avant, je pense toujours que j'ai tout à faire maintenant. J'aimerais mourir en ayant le sentiment profond que j'ai assez évolué pour pouvoir passer à autre chose. La vie, la mort sont pour moi indissociables. Pourvu qu'on fasse évoluer son âme. Quand ma fille est née, j'ai eu la sensation de la retrouver. Je lui ai dit : « Enfin tu es là… »

Erik Orsenna
Écrivain et Académicien

« Je suis immortel, mais pas éternel »

Sa maison ressemble à un bateau, avec des pièces reliées par des ponts de bois et un puits de lumière qui apporte éclat et gaieté.

Contrairement aux apparences, Erik Orsenna est un garçon sérieux. Il manifeste certes toujours un parti pris de rire, une jovialité réconfortante, mais argumente la moindre de ses remarques par des références illimitées. Le connaissant bien, l'ayant plusieurs fois interrogé sur ses livres, ses enquêtes, sa vie, il me fallait avec lui emprunter d'autres voies pour réfléchir sur le sens de l'existence, la mort, le temps qui reste et ce que nous avons fait de celui déjà consommé. Erik Orsenna ne pense jamais seul. Il invite au partage de ses réflexions et, sur le moindre sujet, associe celui qui s'interroge et celui qui répond. Le texte s'écrit à deux. Mais l'écrivain est joueur et s'amuse souvent à esquiver les questions trop pressantes. Tout en étant disert sur le reste : les amours qui s'achèvent en maladie, les êtres qui font défaut et auxquels on se réfère parfois en levant la tête vers le ciel… Il raconte ce qu'il a connu, ce qu'il espère, ce qu'il craint ou envisage avec sérénité…

*

J'avais cinq ou six ans la première fois que j'ai été confronté à la mort. C'était celle du mari de la concierge, au 185, rue de Vaugirard. Je me souviens des pleurs dans la loge, puis des tentures noires, sur la façade. C'était très étrange, comme si en poussant la porte on entrait dans le deuil. Pourquoi brutalement toute la maison devait-elle être noire ? Mais, en vérité, la mort est arrivée avant ma naissance. Mon grand-père maternel est mort juste un an avant ma naissance et j'ai toujours eu le sentiment que ma mère voyait en moi sa réincarnation. Que c'était à moi de redorer le blason de la famille. Il était entrepreneur, mais il était plus du côté des associations, pas là pour gagner de l'argent. Donc la mort de cet homme que je n'ai pas connu a orienté toute ma vie. Elle a été décisive. J'entendais : « Ah, comme tu lui ressembles » ; « Dommage que tu ne l'aies pas rencontré » ; « Tu as ses yeux bleus… »

Je voyais alors la mort comme une transmission plus que comme une rupture. On en parlait à l'école, aussi. Beaucoup de gens dans ma famille étaient militaires. Mon premier souvenir politique est Diên Biên Phu, en 1954. J'avais sept ans et, avec mes copains, on se demandait s'il ne valait pas mieux mourir, plutôt qu'être prisonnier des Viêts. La mort ne nous apparaissait pas forcément comme la fin la plus terrible.

Il a fallu le décès de mon grand-père paternel, quand j'avais quinze ans, pour ressentir l'insupportable absence. Comprendre que je ne le reverrais plus. Pour la première fois, j'étais confronté au « plus jamais ». Aujourd'hui, je pense que le « plus jamais » n'existe pas. Que rien ne commence, rien ne finit vraiment.

Il y a eu cet ami, aussi, quand j'étais en terminale. Il est mort à dix-sept ans. Et comme je me mets très facilement à la place des autres, je me suis dit que j'allais mourir aussi. J'ai traversé un grand moment d'hypocondrie et j'ai fait mon premier check-up.

Plus tard, lorsque j'étais conseiller culturel de François Mitterrand, il y a eu dans ma vie une rafale de gens morts. Je devais aller voir avant l'enterrement les familles des personnalités décédées, je ne les connaissais pas mais je représentais le président, j'étais en fonction. C'était très abstrait.

Quand mon ami Henri de Menthon est mort, en 1995, je l'ai accompagné, nous nous sommes beaucoup parlé et j'ai continué à le faire après, sur son lit de mort, et par la suite. Ma conviction, c'est que nous devons énormément aux morts et que les morts dépendent des vivants pour ne pas mourir.

On ne meurt vraiment que lorsqu'on ne pense plus à nous…

Et puis il y a eu le grand coup dur de ma vie, il y a quatorze ans. J'ai perdu ma compagne, morte en dix mois, à quarante-deux ans, d'un cancer de la langue. Là, j'ai vu l'horreur. Je la revois se décomposer, au téléphone, quand elle a appris qu'elle avait une tumeur et pas une grosse angine. Nous étions à Brive, c'est moi qui ai dû prendre l'appareil, elle était sous le choc. On lui a découpé le menton pour pratiquer l'exérèse. Le cauchemar absolu. Après l'opération, elle pouvait encore parler, mais son visage était dissymétrique. Elle me disait : « Tu ne me regardes plus jamais. » Quand j'essayais, je me retenais pour ne pas éclater en sanglots. Le pire, c'est qu'elle n'a jamais pensé qu'elle allait mourir, même à l'extrême fin. Elle était dans le déni. Je n'allais pas contre son mensonge, c'était terrible. Cela nous a volé la fin, car on n'en a pas parlé. C'est pour ça que j'ai écrit le livre *La chanson de Charles Quint*. Il m'a manqué qu'elle accepte la fin, mais elle n'a jamais voulu en accepter l'idée. Cinq jours avant sa mort, je vois sa fille en train de faire ses bagages. Je lui dis : « Qu'est-ce que tu fais ? » Elle me répond : « Ma mère va mourir donc je pars vivre chez mon père. — Mais tu ne l'as presque jamais vu. — Oui mais c'est mon père. » Et elle m'a quitté. Nous sommes malgré tout restés très proches. On en parle beaucoup, de ce moment.

Je n'ai pas organisé les funérailles, sa famille l'a fait, ça s'est passé en Bretagne, au nord de Brest, et ça a été un moment tout à fait terrible. Je lui parle encore beaucoup, et je vais régulièrement sur sa tombe. Tous les ans, j'en ai besoin. Et puis il y a une histoire dans l'histoire. L'un de mes amis intimes était fou d'elle, mais il était marié. D'une certaine manière, j'ai vécu cette relation pour nous deux. Alors, quand je vais là-bas, je mets deux roses sur la tombe : une pour lui, une pour moi.

Pendant sa maladie, j'ai eu besoin d'écrire un livre, pour elle. Je voulais qu'il soit fini avant sa mort, je l'ai écrit contre la montre, parfois même entre deux coups de fil des chirurgiens pendant une opération. C'est *Madame Bâ*. C'était pour elle parce qu'elle était née à Djibouti, parce que je voulais qu'elle le lise. Elle était trop faible pour le faire quand je l'ai terminé, mais je lui en ai mis un exemplaire dans sa tombe.

Je ne me suis jamais révolté contre la mort parce que… il n'y a pas de vie sans la mort, pas de mort sans la vie.

En revanche, je suis révolté quand je vois les jeunes avec des cigarettes à la sortie des collèges. Ma compagne avait beaucoup fumé, elle aussi. Elle avait arrêté dix ans avant, mais les cancers se développent sur des muqueuses jeunes. Je hais de toute mon âme les industriels du tabac, bien plus que ceux de l'alcool car c'est encore plus néfaste. J'ai une haine profonde, profonde, profonde… Ils vont dans les pays du Sud où se développent des maladies métaboliques… Ce sont des meurtriers.

Sa mort m'a dévasté. Après, j'ai écrit *Portrait du Gulf Stream* qui m'a profondément transformé. Il a fallu que je comprenne la grande mécanique du monde. Je suis parti travailler à Brest sur le Gulf Stream. La première question que j'ai posée aux scientifiques était : « Mais où commence le Gulf Stream ? » Ils m'ont répondu : « Nulle part. » J'ai alors compris que, dans la vie, il n'y avait pas de lignes droites, seulement des cercles. Je me suis de plus en plus intéressé à la science. La petite boule à la base de la langue de ma compagne est devenue une planète à elle toute seule.

Étrangement, en partant, elle m'a fait cadeau de la paix. Une sorte d'entrée dans une mécanique bien plus large que ma simple personne. Elle m'a ouvert à l'univers.

J'ai connu des nuits d'angoisse avec ou sans raison, mais le moment où j'ai failli mourir a lui aussi été déterminant. C'était il y a dix ans. J'étais à Kinshasa. C'était un dimanche, à dix heures du matin, en plein centre-ville. Je venais de quitter l'ambassadeur, sans escorte, et j'ai été enlevé par trois vrais faux policiers. C'est courant, ils vous enlèvent et vous rançonnent. Ils me sautent dessus, m'emmènent dans un faubourg, le type à la droite du chauffeur me met un revolver sur la tempe et l'autre me pointe une kalachnikov sur le ventre. Ils prennent mon passeport et voient que je suis français. Là, comme c'était juste après l'intervention française en Côte d'Ivoire, ils m'annoncent : « On va te tuer car tu es un salopard de Français. » Ça a duré… une bonne heure. Et pendant tout ce temps, je suis resté d'un calme total, qui m'a sans doute sauvé. Je me disais : « Voilà, tu aimes l'Afrique, tu vas mourir en Afrique. » En même temps je négociais avec eux, je leur faisais remarquer : « Regardez comme je suis vieux, ça ne sert à rien… »

À un moment, le conducteur a lancé aux autres : « Allez, laissez-le », ils ont un peu ralenti et m'ont jeté dehors. C'est là que j'ai commencé à avoir peur car je ne savais pas où j'étais. Au bout de deux heures et demie, j'ai retrouvé mon chemin et je suis arrivé à l'ambassade.

Ce qui est intéressant dans cette expérience, c'est que tout du long j'étais serein, je me disais : « Tiens, mon temps est passé. » Et, depuis ce moment-là, j'ai un sentiment très profond que ma vie est faite, et que chaque journée est un bonus. Ça donne une conception de la vie tout à fait différente. Je vois des amis terrorisés à l'idée de mourir. Moi, ma terreur, c'est de ne pas avoir assez vécu avant de mourir. Mais, si je fais le compte, je me dis que je n'aurais pas pu vivre plus que j'ai vécu. J'ai soixante-dix ans et le panier est bien plein. D'autant plus que j'ai eu cette chance incroyable, du fait de cette mission donnée par mon grand-père défunt et relayée par ma mère, de savoir dès l'âge de huit ans ce que je ferais plus tard. Un, que j'écrirais, deux, que je servirais mon pays. À huit ans ! Jusqu'à trente ans, j'étais dans la névrose et le manque de confiance absolu. Mais quand j'ai été reconnu, quand j'ai eu des prix, tout ce qui était dans la douleur avant est devenu facile. Parce qu'on m'avait fait confiance. Tout ça pour dire que ma vie est faite. Je n'ai pas envie de trop vieillir, je n'ai pas envie de traîner. Mon père, lui, s'est laissé mourir. Il était atteint de la maladie de Parkinson, lui qui avait toujours été sportif. Un jour, il est tombé, et on lui a diagnostiqué une fracture de l'épaule, puis une fêlure du bassin. Ce jour-là je l'ai vu se dire non en lui-même. Le lendemain, il était mort. Je trouve ça élégant, noble et magnifique. J'aimerais savoir faire ça. Je ne suis pas suicidaire, mais je ne repousse pas le voyage dangereux. Ma mère, elle, a quatre-vingt-quatorze ans. Elle a la maladie d'Alzheimer, elle pèse trente-deux kilos, je ne pense pas qu'elle soit malheureuse, mais ça ne me semble pas idéal…

Si on peut mourir d'aimer ? Oui, encore que... Je ne sais pas... Le chagrin d'amour est une présence, malgré tout. On peut mourir de ne plus aimer. Quand je cesse d'aimer, ça me met dans une tristesse absolue. Quelque chose s'arrête. C'était fou, fou, fou, et puis plus rien. Je suis infiniment plus triste de ne plus aimer que de ne plus être aimé. D'ailleurs, quand on ne m'aime plus, je n'aime plus. Parce que j'ai la passion des relations réciproques. Je déteste les rapports de domination.

Dans mes livres, je ne fais pas mourir mes personnages. Il y a une mécanique – tout est extrêmement lié – qui déclenche des battements d'ailes de papillon et c'est une règle absolue pour moi de ne jamais faire mourir un enfant. Sauf si c'est arrivé à quelqu'un et qu'il le raconte. Mais je n'aime pas qu'on fasse ça pour émouvoir dans les chaumières. Ceux qui font ça sont des fils de putes.

Après la mort ? Il y a le grand mouvement. J'ai fait un grand voyage, je suis allé partout où on recycle. Et on recycle tout. Les humains se recyclent aussi. Il n'y a pas de déchets dans la nature. Étant passionné par la transmission, je n'ai pas du tout l'impression d'être un créateur, mais un passeur. J'ai écrit cinquante livres et, à ce jour, s'il y en a deux qui durent après moi, j'aimerais que ce soit *La grammaire est une chanson douce* et *Madame Bâ*.

J'ai fait mon testament. Mon notaire est un copain. Rien ne m'apaise plus qu'avoir tout organisé. Pas la cérémonie, ça, je m'en fous. Mais je négocie avec mes enfants car ils veulent que je me fasse enterrer alors que je veux être incinéré et que mes cendres soient dispersées dans la mer à l'embouchure du Trieux. Je pourrais leur dire : « C'est ma mort », mais bon… Je suis content qu'ils soient les exécuteurs testamentaires.

Je ne me sens pas artiste, mais, par rapport à d'autres, j'ai fait exactement ce que je voulais. Moins tu as vécu ta vie, plus tu regrettes de la quitter. L'idée que dans cent ans par hasard quelqu'un ouvrira un de mes livres, ça veut dire que je ne serai pas mort.

Comme m'ont dit mes amis sénégalais, je suis immortel mais pas éternel. L'un d'eux, avec l'humour typiquement africain, a ajouté : « C'est parce que les crédits ne sont pas arrivés. »

Je suis un chouia immortel, mais surtout pas éternel. Je ne sais pas trop qui je suis et, honnêtement, je m'en fous. Ma personne ne m'intéresse pas du tout. Seuls mes projets m'intéressent. Si je n'ai pas de projets, je ne suis rien. La mission que ma mère m'avait donnée est remplie.

Ce qui est délicieux, dans la vie, c'est que tout est ouvert. Ce qui me fait avancer, c'est la question : « Comment ça marche ? », parce que c'est infini, et la question : « Pourquoi pas ? » qui te conduit à une vie affective tumultueuse...

C'est le bouddhisme qui représente le mieux la mort. Plus qu'une religion, c'est une morale, c'est quelque chose qui relie. Je ne crois pas du tout à la résurrection, mais à la réincarnation en animal, pourquoi pas ? Moi, ça me va très bien. Ça me ravit. Parfois, j'ai des petits flashs : « Tiens j'ai peut-être été poisson ou oiseau... »

L'être humain n'a pas le monopole de la vie et les animaux non plus. Et ça, ça change beaucoup de choses.

Si je suis enterré, sur ma tombe j'aimerais qu'il soit écrit : « Continuons. » Parce que je ne suis qu'un rouage, un chaînon. Je n'ai pas peur de la mort. Comme Cocteau le disait : « Je suis habitué, j'ai été mort si longtemps avant de naître. »

Je me souhaite une mort soudaine, un accident violent ou une noyade, car j'adore la mer. J'aimerais être recyclé par la nature et bouffé par un homard. Et donc me retrouver sur une assiette. Et qu'une gentille dame me déguste en buvant un bon chablis. Et ensuite, elle demanderait au serveur : « Vous n'auriez pas une chambre ? », avec un petit clin d'œil...

Carla Bruni

Auteure, Compositrice et Interprète

« Encore une minute »

Carla a une tête à la fois bien faite et bien pleine. Elle a vécu plusieurs vies. Des années de top model, de défilés, de séances photo, un corps magnifié par des habits de luxe lui ont façonné une personnalité de mannequin hors du commun. Et puis l'Italienne, née l'avant-veille de Noël, a tourné la page. Elle est désormais Carla chanteuse, interprète, auteur. Une femme menant sa vie avec l'exigence d'une artiste, toujours à la recherche de la perfection. Carla Bruni parle très librement de ce qu'elle a connu, vécu, des disparitions douloureuses et de ce qu'elle apprend avec l'âge. Le corps, matière vivante, elle l'aime entretenu, soigné, protégé des excès, des nuisances comme le tabac. C'est un personnage public qui peut sembler lisse, presque trop parfait, mais dont les réflexions les plus intimes révèlent d'immenses interrogations sur la mort, ce qui suit, ou pas. Tout est dit avec une franchise spontanée, mais nourrie de textes personnels – qu'elle cite – ou de vers de référence. Comme si Carla ne pouvait envisager l'existence sans les paroles de chansons qui parlent d'amour, des mystères de la vie, des questions existentielles qui obsèdent chacun. Il y a chez elle une simplicité douce, attachante, réfléchie, pour évoquer les moments de chagrin…

*

Mon premier souvenir, assez flou, remonte à mes quatre ou cinq ans. C'est la mort de mon grand-père, avec qui j'avais peu de liens alors qu'il habitait de l'autre côté de la cour… J'étais petite, je ne suis pas allée à l'enterrement, je ne l'ai pas vu mort. Même après, ce n'était pas un sujet qu'on abordait à la maison. Je crois que mes parents sont d'une génération qui accepte complètement la mort. On parlait religion, philosophie, mais pas de la mort, ni des morts. Et je concède que ça ne m'a pas manqué. Que peut-on en dire ? Nous sommes tous assez reptiliens face à la mort, ce n'est pas quelque chose de raisonnable. Quand il y a le feu dans une maison, on ne réfléchit pas longtemps avant d'aller chercher une personne coincée dans les flammes. Avec la mort, c'est pareil. Ce qui a changé par rapport à l'avant-guerre, c'est la place qu'on lui donne dans nos vies. Celui qui en parle le mieux, c'est Georges Brassens, dans sa chanson *Les funérailles d'antan*. J'adore ce texte, c'est tellement ça !

Jadis, les parents des morts vous mettaient dans le bain
De bonne grâce ils en faisaient profiter les copains
« Y a un mort à la maison, si le cœur vous en dit
Venez l'pleurer avec nous sur le coup de midi… »
Mais les vivants aujourd'hui n'sont plus si généreux
Quand ils possèdent un mort ils le gardent pour eux
C'est la raison pour laquelle depuis quelques années
Des tas d'enterrements vous passent sous le nez

Et la chanson finit sur ce couplet, très juste aussi :

Plutôt que d'avoir des obsèques manquant de fioritures
J'aimerais mieux, tout compte fait, me passer de sépulture
J'aimerais mieux mourir dans l'eau, dans le feu, n'importe où
Et même, à la grande rigueur, ne pas mourir du tout
O, que renaisse le temps des morts bouffis d'orgueil
L'époque des m'as-tu-vu-dans-mon-joli-cercueil
Où, quitte à tout dépenser jusqu'au dernier écu
Les gens avaient à cœur d'mourir plus haut que leur cul

La culture de la mort, ça enlève le chagrin. Aujourd'hui, les gens sont entrés dans une terreur, la mort est taboue. L'idée d'avoir un mort à la maison et de venir boire un coup à sa santé n'est plus envisageable.

Je ne crois pas à la vie après la mort. C'est un mystère qui ne m'excite pas du tout. Personne ne peut nous en parler, disons que celui qui pourra le faire n'est pas encore né. Enfin, façon de parler puisqu'il est forcément déjà mort… Chacun, selon ses croyances, pense ce qu'il veut. Je suis assez croyante, mais pas très précise, ni pratiquante. Ça ne m'étonnerait pas que je sois croyante pour rien, mais je préfère me dire que c'est pour quelque chose.

Je ne parle pas à mes morts, je ne crois pas à la communication avec l'au-delà, je n'en ai pas besoin. Je ne compte pas sur les autres, uniquement sur moi. Et je ne veux même pas aborder la mort de quelqu'un qu'on a mis au monde. Je ne peux pas.

Il m'arrive de parler de la mort avec mes enfants, car ils me posent des questions. J'en profite pour leur faire passer des messages, leur dire qu'en évitant la drogue ou la moto, on s'évite la probabilité élevée d'une mort violente.

Quand j'avais vingt-cinq ans, j'ai accompagné des jeunes atteints du VIH, et qui mouraient seuls à l'hôpital. En revanche, aucun d'eux n'est mort devant moi. Mais moi qui ai perdu mon père, puis mon frère, je pense qu'avoir vécu ces disparitions assez tôt a eu une influence sur ce que je suis. Connaître la mort des autres, au fil de la vie, c'est un peu s'entraîner à mourir.

La perte d'un proche, ça vous change de pièce, ça repositionne. Les gens qui ont connu très tard la mort de ceux qu'ils aiment sont beaucoup plus intacts, moins fragilisés. Face au manque d'un être cher, le combat est perdu d'avance. Il faut laisser le deuil s'accomplir. Le temps passe, mais ne panse pas forcément. Je ne sais pas. On s'habitue vaguement… Quand on perd les gens, soit on s'arrête, soit on continue. J'ai choisi de continuer. Je n'ai pas évacué le chagrin par les larmes, je n'ai pas le souvenir de longs sanglots. En revanche, je me suis servi de l'écriture. Deux mois après la mort de mon frère, j'ai écrit la chanson *Salut marin*, à chaud…

Salut marin, bon vent à toi
Tu as fait ta malle
Tu as mis les voiles
Je sais que tu ne reviendras pas
On dit que le vent des étoiles
Est plus salé qu'un alizé
Plus entêtant qu'un mistral
Au revoir marin, tu vas manquer
Tes yeux bleus, ton air d'amiral

Salut marin, bon vent à toi
J'te dis bon vent, mais ça m'fait mal
Car marin tu emportes avec toi

À la vie à la mort

Toute notre enfance de cristal
Et notre jeunesse de miel
Et tous nos projets d'arcs-en-ciel
Et du Cap Horn à Étretat
L'horizon à toi se rappelle

Vous les marins, vous êtes ainsi
Vous ne savez rien d'autre que partir
Vous les marins, vous êtes cruels
Vous nous laissez au large de vos souvenirs
Vous les marins, vous êtes sans cœur
Vous préférez la mer à vos amis
Et les sirènes de chaque port
À vos mères, à vos femmes et à vos sœurs
La vie marin, passe sans bruits
Comme autrefois, toute en secousses

Ça n'apaise pas la douleur, mais ça soulage, d'une certaine manière. Ça apporte une émotion assez bonne, assez juste, assez chaude.

J'ai également perdu un ami proche, qui s'appelait François, et après sa mort là aussi, j'ai écrit une chanson, *Darling*. Le dernier couplet disait :

Il m'appelait darling
Maintenant j'ai ton silence
Le trou de son absence
Et sa montre Breitling

Il m'a écrit darling
À toi mon dernier mot
Ne m'en veux pas darling
Je quitte le bateau
Et il m'appelait darling
Dis à ceux que j'aimais
Que mon corps de bastringue
A fini par lâcher...

Je pense que la vraie manière dont on perçoit la mort vient très tôt, de manière inconsciente, et dirige toute sa vie. Cependant, je me suis sentie mortelle assez tard. Après avoir eu des enfants, sans doute. J'y pense assez peu, mais j'y pense parce que j'ai peur. De la vieillesse, de la maladie, de la fin. J'ai arrêté de fumer. Si on me jurait que je n'aurai rien en continuant, je continuerais. Fumer des cigarettes, c'est constamment braver la mort. Quand on décide de déposer les armes et de ne plus fumer, c'est qu'on a pris conscience de la mort. Dans cette même volonté de me protéger de la vieillesse et de la mort, je fais aussi une heure trente de vélo par jour... Ça fait battre le cœur, beaucoup. Mon mari, qui est un athlète de ce point de vue-là, m'a expliqué qu'il faut pouvoir parler pendant l'effort. On muscle le corps en même temps que le cœur. Le yoga, le pilates, tout ça, c'est charmant, mais ça ne vaut rien, il faut activer le système de vidange dans le corps. Et le faire tous les jours. La plupart des maladies aiment la graisse, pas le muscle. Je ne supporte pas de voir de la graisse sur mon corps. Et faire du sport me permet de manger comme je veux, même si je mange très peu. La bouffe est un truc un peu dangereux pour moi…

Je trouve qu'avoir cinquante ans est épouvantable. Je préférais la prison de ma jeunesse. Bien que j'adore ma vie, j'adorerais revenir à mes quinze ans. J'aimais être jeune… L'énergie, l'apparence, la liberté, le côté « tout est possible ».

Alors qu'aujourd'hui je me réveille avec mal à l'épaule parce que j'ai fait des pompes la veille. Et puis il y a tout ce qu'on ne pourra plus jamais faire : violoniste, médaille d'or olympique, avoir un autre enfant… Avant tout était ouvert et là, non. La vie se rétrécit, et pas pour le meilleur. Je ne suis pas une grande adepte de la sérénité. J'avance parce que je n'ai plus le choix, je cherche des solutions pour ne pas devenir amère, mais je reste anxieuse. Je n'ai pas besoin de speed, un café suffit à me doper. Si je bois un coca après seize heures, je tourne en rond comme une folle.

Je n'ai pas souvent été malade, et les hypocondriaques m'amusent beaucoup. Ce sont eux qui dirigent le mieux leurs pulsions de mort, et en général ils ont une santé de fer.

Le suicide ? Selon moi c'est un déséquilibre, une maladie, celle de la mélancolie. Parce qu'il n'y a pas de raison. C'est un état de tristesse trop douloureux. Un jour d'angoisse et de panique. Le seul suicide que je peux comprendre, c'est celui qui permet de fuir une affreuse maladie qui va nous terrasser. La non-envie de souffrir et d'affronter un truc inutile. Pour autant, je ne suis pas favorable à l'euthanasie – je n'aime pas le mot –, je ne suis pas favorable à l'organisation des choses par l'État, c'est au médecin, à la famille et à la personne concernée de gérer, en toute discrétion. C'est ce qu'on a toujours fait, d'ailleurs. Quand un docteur propose un sédatif pour enlever la douleur en fin de vie, c'est déjà de l'aide à mourir. Le corps ne tient plus, il part en douceur. On ne peut pas organiser l'euthanasie. J'ai peur des humains, ils organisent mal les choses et après ça déborde. Regardez la peine de mort… Évidemment, qu'on voudrait voir mourir les assassins d'enfants. Mais enfin on ne peut pas… Non, on ne peut pas. On fait des erreurs, c'est affreux, on ne peut pas donner aux hommes ce tribunal-là. Après si quelqu'un touche un cheveu de mes gosses, je le tue moi-même. Là je suis favorable.

J'ai une grande addiction à la lecture, je l'utilise tous les jours, mais je ne lis pas d'ouvrages sur la mort. J'aime me distraire, j'aime la fantaisie, je n'aime pas être ramenée à mon état d'être humain, qui vit et qui meurt. En revanche, j'ai pas mal écrit sur la mort comme dans ma chanson, *La Dernière Minute* :

Quand j'aurai tout compris, tout vécu d'ici-bas,
Quand je serai si vieille, que je ne voudrai plus de moi,
Quand la peau de ma vie sera creusée de routes,
Et de traces et de peines, et de rires et de doutes,
Alors je demanderai juste encore une minute…

Quand il n'y aura plus rien qui chavire et qui blesse,
Et quand même les chagrins auront l'air d'une caresse,
Quand je verrai ma mort juste au pied de mon lit,
Que je la verrai sourire de ma si petite vie,
Je lui dirai : « Écoute ! Laisse-moi juste une minute… »

Juste encore minute, juste encore minute,
Pour me faire une beauté ou pour une cigarette,
Juste encore minute, juste encore minute,
Pour un dernier frisson, ou pour un dernier geste,
Juste encore minute, juste encore minute,
Pour ranger les souvenirs avant le grand hiver,
Juste encore une minute… sans motif et sans but.

Puisque ma vie n'est rien, alors je la veux toute.
Tout entière, tout à fait et dans toutes ses déroutes,
Puisque ma vie n'est rien, alors j'en redemande,

Carla Bruni

Je veux qu'on m'en rajoute,
Soixante petites secondes pour ma dernière minute.

Tic tac tic tac tic tac

Cette chanson, je l'ai écrite après être allée chez le traiteur Comtesse du Barry, où l'on m'a remémoré sa fin tragique. Elle s'est fait couper la tête la même année que Louis XVI, à l'âge de vingt-neuf ans, alors qu'elle était roturière. Et là, sur la place de la Concorde, la tête sur le billot, elle aurait eu ces mots : « Encore un instant, bourreau ! »

D'où mon « Encore une minute. » C'est ce que j'aimerais dire au moment de ma mort. Une minute, ce n'est pas rien, quand il n'y en aura plus d'autres…

René de Obaldia

Auteur de théâtre et académicien

« Je suis un intermittent de la foi »

Cet homme dont le nom sonne comme un lever de rideau a toutes les allures d'un sage, d'un monsieur qui aurait vieilli poliment et se serait installé dans le fauteuil de doyen de l'Académie française avec une délicatesse discrète. René de Obaldia est né à Hong Kong en 1918. Il a inventé son propre langage, mené une vie littéraire faite de mots drus et fantasques, de théâtre, de poèmes et de romans où les personnages semblent vivre comme à côté de la réalité. Et c'est ainsi que l'âge passe avec tant d'humour. Difficile de trouver quelque angoisse à ce monsieur usant de sa voix tranquille, sans forcer mais en choisissant les réponses, toujours élégantes, aux questions sur la mort. Le temps lui est compté. Il le sait, et sans doute s'amuse-t-il de voir ses interlocuteurs prendre mille précautions pour lui parler de celle-ci… Alors, pour mettre à l'aise son interlocuteur, il sourit, plaisante, toujours courtois comme apaisé. Nous sommes chez lui au cœur du vieux Paris dans son intimité, où photos et objets personnels fusionnent avec des amas de livres tels des sentinelles qui veillent sur celui qui aimerait tant savoir…

*

La mort est un sujet qui ne pardonne pas, si je puis dire… Mais la mort nous rend égaux : quel bonheur de savoir que le riche milliardaire et le plus pauvre des hommes sont soumis à la même injonction ! Ce qui est le plus invraisemblable pour moi, ce n'est pas la mort mais le fait d'être né. Je suis chaque jour étonné d'être. Cocteau a dit : « La mort ? La mort je suis habitué, j'ai été mort si longtemps avant de naître. » C'est très joli et c'est tout à fait ça. Moi je suis frappé par le fait d'exister. En soi, la mort n'est qu'un processus naturel.

Ce qui fait le plus souffrir, c'est la mort d'un être cher. J'ai perdu ma femme il y a quatre ans, nous avions vécu trente-cinq ans dans un bonheur réciproque. Elle était merveilleuse, avec une gentillesse, une ouverture d'esprit, une humanité… Et en plus, c'était une très belle femme. Elle était plus jeune que moi, je comptais sur elle pour me fermer les yeux et c'est l'inverse qui s'est produit. Elle est partie brutalement et sa présence me manque.

Il m'est arrivé de penser au suicide, mais je ne l'ai pas fait car ce n'est pas une solution, et surtout parce que j'ai des enfants. Je ne peux pas leur faire ça. Dieu soit loué, ils sont là, et en plus ils sont charmants. J'ai cette chance car ce n'est pas toujours le cas. La plus grande injustice, c'est de perdre un enfant. A priori, je devrais partir avant les miens, car je n'en ai plus pour longtemps. J'ai quatre-vingt-dix-neuf ans et les Immortels meurent aussi…

Si je devais souffrir, j'aimerais qu'on écourte ma vie, j'y serais prêt. Je suis un intermittent de la foi, je ne me l'explique pas. La foi est transcendantale, elle n'obéit pas à la raison. À certains moments je crois, et à d'autres, pas. Quand j'ai la foi, je suis sensible à sainte Thérèse, entre autres, et quand je ne l'ai pas, je doute. C'est humain. Le fait que ma femme ait disparu et que je n'ai aucun signe d'elle me rend dubitatif.

J'aimerais un enterrement religieux, à l'église de Saint-Germain-des-Prés. J'ai des amis favorables à l'incinération, mais je suis comme cet autre, qui me disait, plaisanterie un peu stupide : « L'incinération me donne froid dans le dos. » Moi j'aime l'idée de l'enterrement comme un retour à la nature.

Je ne vais pas assez sur la tombe de ceux qui me sont chers mais ils sont dans mon esprit, c'est à mon sens la meilleure place. Les photos, les objets, existent, et ils ont leur importance, mais je n'en ai pas besoin. À mon âge, je suis peuplé de fantômes auxquels je tiens. Dans mon livre *Perles de vie*, je cite cette phrase d'un proverbe bantou qui dit : « Mon ami n'est pas mort puisque je vis encore. » Je crois que les morts vivent encore dans la mémoire des vivants. C'est l'amour qui me relie à mes morts. L'autre, c'est moi.

C'est très difficile de se représenter la mort… Elle a sans doute la couleur des ténèbres, mais je n'en sais rien. Ou vous croyez à la résurrection du corps, ou alors à la réincarnation, en grenouille ou en roi du monde, honnêtement je ne peux pas en parler. Je me suis intéressé très tôt à tout ce qui est mystique, j'ai lu saint Augustin, *La Cité de Dieu*, Jacob Boehme… Un soir, j'ai dîné avec Borgès, il m'a raconté que son père lui disait toujours : « Tu verras tout est possible ! » Et puis, un jour, il a fini par ajouter : « Même la Sainte Trinité ! » Ça me fait rire. Mais je pense comme Chesterton, qui disait : « Être assis sur un tabouret dans les nuages pour glorifier Dieu le restant de mes jours, très peu pour moi ! »

J'ai compris très tôt que j'étais mortel. Les enfants se posent ces questions-là quand ils perdent un proche… J'ai été élevé par ma grand-mère Honorine, qui était très pieuse : on allait à la messe, aux vêpres, elle me parlait de la résurrection, donc, pour moi, c'était forcément ce qui devait advenir.

Je faisais ma prière tous les soirs, on s'agenouillait près du crucifix, et je me souviens que j'attendais impatiemment le moment du « *Mea culpa mea culpa*, c'est ma faute, c'est ma faute, c'est ma très grande faute », pour me frapper la poitrine avec ardeur. Elle devait se tourner pour ne pas rire, parce que j'y mettais vraiment tout mon cœur.

Au fond, la mort n'est pas un tourment, c'est une question. Mais elle n'empêche pas de vivre. La vie vaut la peine d'être vécue. J'ai un vieil ami, perdu de vue, il s'appelle William… William Shakespeare. Et il a écrit : « *To be or not to be…* » C'est la chose qu'on doit dire.

Il faut parler de la mort aux enfants, bien sûr. Mais quand ils sont petits, leur préoccupation est surtout de tenter de vivre. Alors avec les miens, j'ai attendu un peu, afin que l'on puisse en parler naturellement, sans peur. Dédramatiser la mort la rend sans doute plus facile d'accès, mais encore une fois, pour moi c'est la notion de la mort elle-même qui est naturelle, plus que le fait d'exister. Excusez-moi, mais la mort est un drame tellement courant, que pour moi la question est ailleurs…

Dans mes écrits, je parle de la mort, mais j'ai très vite le sentiment que la vie est un songe. Dans *Grasse Matinée*, pièce à deux personnages, je parle de deux voisines de cercueil qui attendent le jugement dernier. « Les préparatifs du jugement dernier tirent en longueur », dit l'une. J'ai aussi écrit *Le Défunt*, où deux femmes, là encore, discutent de celui qui est mort.

L'inspiration, c'est la grâce, je n'y suis pour rien.

J'ai eu une enfance difficile, sans argent, j'étais intéressé par la peinture mais ça coûtait trop cher, le plus simple pour moi était d'avoir un papier et un crayon. J'avais besoin de communiquer, d'une manière ou d'une autre, et c'est l'écriture qui s'est imposée.

Je ne sais pas si j'aurai une jolie mort, je ne me prends pas pour un saint. J'ai plein de défauts, et heureusement sinon je serais très ennuyeux…

Il ne faut pas se faire trop d'illusions. Le monde se transforme mécaniquement, j'ai traversé un siècle et rencontré beaucoup de personnages importants. Si j'en parle maintenant, plus personne ne sait qui c'est, donc il faut remettre les choses à leur place et rester humble. Les jeunes générations, avec les nouvelles technologies, ont d'autres préoccupations.

Je n'ai laissé aucun écrit pour ce jour-là précisément. Et je n'ai pas non plus réfléchi à mon épitaphe. Dans la pièce *Monsieur Klebs et Rozalie*, j'ai écrit : « Il remercie Dieu d'être ce que les choses sont. » Je me souviens aussi d'un général qui avait fait mettre : « Fixe ! » Peut-être aimerais-je tout simplement qu'il soit écrit : « Obaldia, poète et dramaturge. »

Si des amis font des discours, j'aimerais qu'ils disent du bien de moi, évidemment, que j'ai laissé une œuvre qui a réjoui mes contemporains. Je suis heureux de l'avoir accomplie et en même temps je remercie le ciel pour ce don que j'ai, car je n'en suis pas le seul responsable. Paul Valéry ne croyait pas à l'inspiration et a écrit : « Ce vers vient des dieux, mais après quel boulot pour être à la hauteur ! »

Je trouve les discours d'amis pendant les enterrements toujours beaucoup trop longs. Je comprends le besoin de vanter les mérites du disparu, mais il faut savoir ne pas en faire trop. Je suis souvent sollicité pour les éloges funèbres, j'ai écrit celui de Pierre Schaeffer, de Rosy Varte, de Pierre Daninos… À chaque fois j'essaye de dire l'essentiel en peu de mots. Il faut aussi savoir dire la vérité. Pour Pierre Schaeffer j'avais dit qu'il n'était pas très commode et ça a fait rire beaucoup de gens. Nous sommes assez intelligents pour savoir que tout n'est pas d'une pièce, nous sommes un mélange de bien et de mal.

Quand j'entends parler du syndrome de mort imminente, avec ce témoignage de tunnel apaisant, avec de la lumière au bout, c'est une question de justice, qui me vient, peut-être parce que je suis du signe de la balance : si tout le monde traverse ce tunnel avec de la lumière au bout, cela veut dire que même Hitler l'a traversé ? Ça me pose un problème.

J'ai été l'un des seuls survivants d'un massacre : on arrivait dans un village qu'on croyait tenu par des Français et il avait déjà été pris par les Allemands. Un char nous a tiré dessus, nous étions une petite trentaine, et je me suis retrouvé avec vingt-quatre de mes compagnons morts autour de moi. Pourquoi n'ai-je pas été touché ? Je ne sais pas. Je n'y suis pour rien. Ces vingt-quatre morts, j'y pense encore, comme je pense à la guerre, comme je pense aux camps d'extermination. On a peine à imaginer que ça ait pu exister. Une tragédie. Je ne pensais pas, après avoir vaincu le nazisme, qu'on reviendrait aux guerres de Religion et c'est malheureusement aujourd'hui une réalité. L'injustice et la cruauté des hommes me révoltent. En Europe, la culture est là et pourtant la barbarie demeure. Quand on pense que le nazisme est né dans la nation la plus civilisée qui soit, la patrie de Wagner, de Beethoven… C'est incroyable, mais c'est un fait.

Le miracle, c'est d'être. Aujourd'hui, je me fiche d'atteindre les cent ans ou non. Comme on dit au théâtre, je joue les prolongations…

Jean-Christophe Rufin

Écrivain, Médecin et Académicien

« Être athée rend la mort moins désirable »

C'était une évidence, pour ce livre, pour ce thème, il fallait entendre un médecin. Jean-Christophe Rufin est un docteur sans frontières, un voyageur qui, toujours, a donné du sens à ses entreprises. Il a ainsi cumulé en quelques décennies des aventures diplomatiques, des missions humanitaires et une œuvre littéraire populaire. Ce qu'il écrit, ce qui naît dans sa tête, vient de ce qu'il sait, de ce qu'il a vu, éprouvé physiquement, que ce soit en montagne, à travers un désert, en mer ou sur le chemin de Compostelle.

Curieusement, ce sexagénaire à la silhouette sportive ne se contente jamais de ses succès d'écriture. Il mélange la solitude des hauteurs montagneuses et le besoin de s'intéresser au monde d'aujourd'hui. Il construit des histoires sur tous les continents pour que le plus grand nombre entretienne le bonheur de la lecture. Il sait aussi ce que sont les épreuves les plus dures par temps de guerre sous des cieux inhospitaliers. Nul éclat de voix, mais une sorte de confidence calme sur son expérience mêlant la vie et la mort…

*

J'avais treize ans quand mon grand-père est mort. C'était le premier sur la liste. Son décès était assez inattendu pour moi. Il avait beau être très âgé, j'avais fini par le croire éternel. J'ai eu un chagrin terrible et ma grand-mère a dû me faire sortir de la petite chapelle où on le veillait, parce que je pleurais beaucoup. J'ai entendu parmi les gens autour de nous quelqu'un dire : « Il fait un peu de comédie. » Ça m'a terriblement vexé, car j'étais réellement bouleversé. On n'a pas voulu que je m'approche du corps, et je ne le regrette pas pensant que cela m'aurait traumatisé. C'était la perte d'une présence plus intellectuelle que charnelle. Mon grand-père n'était pas quelqu'un qui m'embrassait. D'une certaine façon, sa mort était un peu lointaine. Je me souviens d'obsèques particulières, il a été très honoré parce qu'il était Résistant. Son cercueil était recouvert d'un drapeau bleu blanc rouge, il y avait un côté impressionnant.

Ma mère, elle, est morte à cinquante-sept ans. D'un cancer. J'étais déjà médecin à ce moment-là, donc je l'ai accompagnée. Elle est rentrée de vacances avec des douleurs au niveau des côtes, c'était probablement déjà des métastases. Elle a été admise à la Pitié dans un service de cancérologie, et elle est morte en deux mois.

À cette époque, nous étions très fâchés. Après avoir été très proches, elle m'avait en quelque sorte renié, au point de faire changer son testament. Elle détestait ma femme et était rentrée dans une logique de représailles. Elle m'avait donc déshérité pour tout donner à la SPA, parce qu'elle adorait les animaux. À ce moment-là, ces histoires de testament me paraissaient très virtuelles. On se voyait quand même, mais elle affichait à mon égard une sorte de mépris. Et puis, quand elle est tombée malade, elle m'a demandé conseil. Je suis intervenu pour qu'elle soit traitée vite et bien. J'étais très présent pendant son hospitalisation, je connaissais bien l'agrégé du service, je l'ai accompagnée. Petit à petit, elle a changé d'attitude. Un jour, elle m'a demandé : « Mon appartement, est-ce qu'il te plaît ? » J'ai répondu : « Oui. — Est-ce que tu voudrais l'avoir ? — Je ne suis pas pressé. »

En mon absence, elle a fait venir un notaire et deux témoins, quasiment sur son lit de mort puisqu'elle est morte trois jours après. Elle a fait faire une sorte d'avenant, désormais son testament déshéritait les chiens et les chats en ma faveur. C'était assez gênant car je ne me suis pas occupée d'elle pour qu'elle change d'avis sur l'héritage. Mais si elle ne l'avait pas fait, cela aurait créé chez moi une forme d'amertume. Ma mère était comme ça… Elle manifestait ses sentiments à travers les actes matériels. Pendant mes dix premières années, je vivais chez mes grands-parents pendant qu'elle essayait de gagner de l'argent à Paris, pour pouvoir m'élever dans de bonnes conditions. Quand elle revenait, pour se déculpabiliser de ne pas être présente, elle m'offrait des cadeaux. Au fond, c'est ce qu'elle a fait jusqu'à sa mort.

Je n'ai jamais frôlé la mort moi-même. Jusqu'à présent, la vie m'a épargné. J'ai des souvenirs fugaces. Pendant la guerre en Bosnie, j'allais parfois sur des sites, à Gorbavitsa par exemple, pour m'occuper d'otages. J'ai dû traverser des zones soumises aux snipers. Il y avait des sortes de toiles tendues pour qu'on ne nous voit pas passer, mais certains passages étaient à découvert et là il m'est arrivé de penser à la mort. De la même façon, lorsque je fais de l'alpinisme, il y a certains moments où l'on se demande si l'on va arriver de l'autre côté, comme dans le couloir du Goûter, sur le mont Blanc. C'est un peu à la grâce de Dieu, mais tu y vas…

Je ne suis pas un risque-tout, je ne cherche pas le danger. L'alpinisme est un arbitrage entre le risque et la sécurité, il faut faire avec. Ce n'est pas une partie de pétanque. J'en fais parce que j'aime ça, mais ce n'est pas le risque qui m'attire. Je le fais *malgré* le risque.

Quand j'ai eu cinquante-sept ans, j'ai évidemment pensé à la mort puisque c'était l'âge auquel ma mère est décédée. Je suis assez superstitieux. Mon père avait croisé une voyante qui lui avait donné une date : le 11 juin. Alors après, tous les ans à cette date-là, il ne vivait plus… Mon grand-père aussi, avait eu la même expérience. À lui, une voyante avait dit que les chiffres six et quatre lui seraient fatals. Alors, à quarante-six ans il a eu très peur, mais il ne s'est rien passé. Quand il a eu soixante-quatre ans, il s'est dit que c'était fini et là encore, il ne s'est rien passé. Il est finalement mort à quatre-vingt-un ans. Ironie du sort, c'était en 1964 !

Moi, on ne m'a jamais fait de prédiction de cette nature et tant mieux, car je déteste ce genre de conneries qui collent aux dents après. Parce que même si l'on n'y croit pas, on ne peut s'empêcher d'y penser.

Donc oui, à cinquante-sept ans j'y ai beaucoup pensé, ce qui est idiot car, au fond, il n'y a aucun rapport. En revanche, je crois aux vulnérabilités et autres pathologies familiales qui se répètent de génération en génération. J'ai connu un fils de diabétologue qui était diabétique, et tous les hommes de la famille en mouraient à cinquante ans. Il n'a pas fait exception.

La mort est consubstantielle à mon métier. On est en contact avec les cadavres. À mes débuts, j'ai fait un stage de six mois dans un service où l'on pratiquait des autopsies et c'était devenu une routine. C'est à ce moment-là que j'ai compris notre capacité à supporter l'abominable. On s'habitue. Chaque matin, je mettais mes bottes et on allait voir des cadavres. Plus tard, quand je suis devenu interne et que j'ai eu cette responsabilité des gardes, j'ai compris qu'il y avait l'aspect physique de la mort, la mort en tant que passage, mais qu'il y avait aussi la dimension « cérémonie » de la mort. Il existe toute une mise en scène, en particulier dans les hôpitaux. C'est-à-dire que même dans une société très désacralisée comme la nôtre, ce passage doit être authentifié, il y a une liturgie, avec un officiant. Moi, j'étais encore un gamin, et pourtant les infirmières, bien plus expérimentées que moi, me demandaient d'effectuer les gestes comme fermer les yeux des morts, et d'authentifier le décès. Un jour, on a recouvert un corps d'un drap et il s'est mis à bouger. Tout le monde a hurlé, mais ce n'était qu'un réflexe post-mortem.

La fonction du médecin est de deux ordres : pronostiquer pour appliquer une thérapie, puis accompagner et déclarer la mort. Dans un livre de

Faulkner, peut-être *Lumière d'août*, je ne sais plus, un médecin est très apprécié car il sait respecter la mort en arrivant trop tard. Quand j'ai commencé mon internat, un vieil interne m'a dit : « Quand on t'appelle, ne t'habille pas trop vite. Le mort sera mort, les autres pourront attendre. »

Aujourd'hui, on a trop tendance à voler la mort des gens. Il est pratiquement devenu impossible de mourir chez soi et j'ai vu beaucoup de gens faire jurer à leur entourage de pouvoir le faire, alors que c'est devenu impossible. L'hygiénisme est général : on n'accouche plus chez soi, on ne meurt plus chez soi. Il y a une spécialisation aussi, une espèce de vautours dont le métier, quoi qu'il arrive, est de vous ramener à l'hôpital. Il y a un excès de ce côté-là et l'esprit antique du médecin, c'était le contraire.

Bien sûr, la mort la plus souhaitable est celle qui foudroie. Le pire, c'est de se voir mourir. Se dire que demain on ne sera plus là n'est pas tragique en soi, mais être diminué, dépendant et dans la souffrance, c'est très dur.

Dans certains pays, la mort est beaucoup plus présente et d'une certaine manière mieux acceptée. Au Brésil, ce sont les boutiques de cercueils qui sont les plus illuminées le soir. Parce qu'il n'y a pas d'heure pour mourir et qu'on peut en avoir besoin n'importe quand. Il y a même des promotions sur certains modèles, même ceux des enfants. Des choses qui seraient insupportables ici. Au Brésil, même si la mortalité infantile a baissé, le décès d'un enfant fait partie de la vie normale. C'est plus naturel là-bas. Il y a des rituels qui accompagnent tout ça. Je ne sais pas si ça soulage la douleur, mais il me semble que cette intermédiation entre la vie terrestre et le sacré fait écran au vide. On délègue ces moments de passage à des prêtres, des sorciers, qui apportent sinon un espoir, une transcendance. On maintient le disparu dans une présence. Les musulmans aussi ont un rapport à la mort très particulier. Les enterrements sont immédiats. C'est une religion d'acceptation du destin, de soumission à une volonté qui n'est pas la sienne. D'où certaines déviations totalitaires : on demande la mort sous forme de martyre, la mort est presque désirable dans le fait de rejoindre Dieu, on voit bien comment on peut utiliser ça pour en faire un argument radical. Tous les musulmans ne sont pas comme ça, évidemment, mais c'est une religion qui prépare très bien à l'éphémère.

Dans notre société, on a tendance à cacher la mort. C'est dommage. En même temps, où mettre les tentures quand tu habites au troisième étage ? Ces rituels allaient avec un certain type d'habitat, une certaine classe sociale. Le deuil était un acte social dont on trouve, malgré tout, toujours la trace.

Je vois encore des hommes avec des cravates noires, parce que c'est le jour anniversaire de la mort d'un proche. Ou alors le deuil existe encore dans le cadre de repères communautaires, comme le côté sicilien, la comédie au sens théâtral du terme… C'était sans doute un moyen de permettre aux gens de digérer la chose.

Être athée rend la mort moins désirable. Enfin tout dépend de l'athéisme, car il est de différentes natures. Il y a un athéisme choisi qui est une sorte de processus philosophique personnel, c'est ma position, et un autre, que je vois se développer, celui des enfants à qui on ne propose aucune transcendance et qui sont athées par défaut. J'ai récemment vu un reportage sur des gamins au moment de Pâques, et une petite fille, à qui l'on demandait la signification des cloches et des œufs, disait qu'elle avait vu dans un dessin animé, que c'était les lapins qui les fabriquaient… Il n'y avait aucune notion de religion, aucun fondement, c'est regrettable. Les gamins n'avaient même pas entendu parler de la résurrection. Je pense qu'il faut donner une religion aux enfants, quelle qu'elle soit. C'est un outillage dont ils peuvent s'éloigner ou pas, mais ça me paraît essentiel. Moi, je suis issu d'une double tradition, catholique assez peu pratiquante du côté de ma mère, et laïque par mon père. Une laïcité organisée, maçonnique, un peu liturgique, et c'est le courant que j'ai suivi.

Passer de vie à trépas… je ne l'imagine pas. La lumière au bout du tunnel dont parlent certains, c'est une représentation qui rassure, pour moi c'est de la littérature, je n'en ai aucune idée ni expérience, certes, mais c'est un voyage neurologique, un retour à la conscience qui se fait comme ça. La neurologie, c'était ma spécialité en médecine. J'ai rencontré beaucoup d'épileptiques, et, d'une certaine manière, ils sont une assez fidèle représentation de la mort puisque tout à coup ils expérimentent la suspension de tout. La mort, c'est à peu près ça. Pendant une crise, un certain nombre d'entre eux peut revoir des scènes, et confondre ces éléments-là avec la mort. Mais ce ne sont que des phénomènes neurologiques. Une suspension de la conscience.

En tant qu'écrivain, j'ai plaisir à faire mourir les personnages que je n'aime pas, je le reconnais. Patrick Rambaud raconte à propos de son livre *La Bataille*, prix Goncourt en 1997, qu'il voulait réutiliser l'un de ses personnages, « et puis cet imbécile est tombé de cheval et il s'est tué » ! Nous ne sommes pas totalement libres du destin de nos personnages, il y a une certaine logique à laquelle on est obligé de se plier. Quand un personnage de l'histoire devient un personnage de roman, on a intérêt à ne pas le tuer car les lecteurs ont tendance à le penser toujours vivant.

Je ne sais pas si je préfère être enterré ou incinéré. Conceptuellement, je préférerais l'incinération, mais je trouve que c'est une cérémonie épouvantable. C'est affreux. Je suis assez attaché au lieu de mémoire que représentent les cimetières. Je sais où sont mes parents et grands-parents à Bourges, je m'y rends – pas assez à mon goût –, mais j'aime trouver les signes d'une présence, voir que quelqu'un est venu. Ça me fait plaisir. J'aime bien les cimetières, dans le sens où ce sont des lieux assez poétiques, beaux. Il y a quelque chose de rassurant pour les vivants de penser que les morts sont en paix. C'est une forme de respect qu'on leur doit. Il y a des carrés anciens qui datent du XVIIIe siècle, c'est la mémoire des lieux. C'est ce qu'il reste pour les autres.

Les pompes funèbres, c'est un métier bizarre. Il faut bien que des gens s'occupent des morts, on ne va pas confier ça aux éboueurs… Il y a un roman que j'adore, d'Evelyn Waugh, c'est *Le Cher Disparu*, satire des rites funéraires américains. Je crois que les romanciers et cinéastes ont ce pouvoir de porter la mémoire de ceux qu'ils évoquent, et c'est beau.

L'Académie française véhicule une image d'immortalité dont on apprend très vite à se défaire. Quand on y entre, on nous guérit très vite de cette idée ! Après la cérémonie sous la coupole, il se passe huit jours avant une autre cérémonie, dans la petite salle du dictionnaire. En tant que nouvel entrant, tu attends à l'extérieur qu'on vienne te chercher, sous la statue de La Fontaine. Ensuite on te conduit devant tes quarante pairs, qui sont debout et on t'accompagne au pupitre, où sont présents le secrétaire perpétuel, le directeur et le chancelier. Là, le premier te dit : « Vous remarquerez que nous sommes debout… Nous ne nous lèverons que deux fois pour vous. Aujourd'hui et le jour de votre mort. » Ça calme… Ensuite on te dit : « Voici votre jeton, il est en argent, vous en aurez un en or quand vous aurez quatre-vingt-dix ans. » Et enfin le coup de grâce arrive à la fin de la cérémonie, quand tout le monde s'en va et que le secrétaire perpétuel te dit de rester. Là, Hélène Carrère d'Encausse en l'occurrence m'a demandé de la suivre devant la statue du cardinal de Richelieu, et, sur le côté d'un petit tableau en bois, il y a comme un tabernacle. Elle l'ouvre, et dedans il y a un original de Philippe de Champaigne : c'est la tête de Richelieu sur son lit de mort. Elle vous dit : « L'immortalité, c'est ça. » Tu comprends qu'entrer dans cette compagnie, c'est tout de suite réfléchir à cette idée de continuité. On te rappelle par tous ces rituels que tu n'es pas immortel, mais que tu te situes dans une continuité. Tu es dans un flux qui vient de loin, qui dure depuis quatre siècles, et qui continuera après toi. Tu sais à qui tu succèdes, tu ne sais pas qui te succédera, on ne peut pas ouvrir la succession d'un fauteuil tant que son prédécesseur est vivant. Après on nous enferme là-dedans jusqu'à notre mort, c'est très sartrien, on est quarante et on se voit vieillir, puis mourir. Je suis déjà allé à pas mal d'obsèques. En général c'est à Saint-Germain-des-Prés ou à Sainte-Clothilde, et on y va en tenue. C'est quelque chose. Les gens qui te croisent dans la rue te regardent bizarrement…

L'allongement de la vie en bonne santé est une chose importante. Ce qui me réjouit ? Voir des gens très âgés comme René de Obaldia, quatre-vingt-dix-neuf ans. Le jour où il disparaîtra, on pourra dire que jusqu'au bout il aura profité de la vie. En revanche, s'accrocher pour s'accrocher, je trouve ça ridicule. Après, il y a toutes les histoires de transhumanisme. Je ne suis pas adepte de toutes ces méthodes mais, par exemple, je me suis fait opérer des yeux il y a quelques années parce que je ne voyais plus ni de loin, ni de près. Aujourd'hui, j'ai retrouvé une vue impeccable, je ne porte plus de lunettes, je ne vois pas pourquoi je me serais privé. Mais me faire greffer des doigts parce que je joue du piano, non. Je suis raisonnable. Se servir du progrès pour ne pas être handicapé, oui, mais pas plus. L'autre jour, j'étais à une terrasse de café et j'entendais deux gars discuter derrière moi. « Alors, ça y est ? — Oui, j'ai fait ça en Turquie, à Istanbul. C'est formidable et c'est beaucoup moins cher. — Et alors, ça va repousser ? — Oui, enfin dans quelques mois. »

Là, je comprends que le mec s'est fait faire des implants capillaires. Curieux, je me retourne discrètement, et je vois quelqu'un qui ne ressemble à rien. Un type un peu chauve, quelconque, mais pour qui, visiblement, c'était très important d'avoir des cheveux. Bon ben voilà, il s'est fait mettre des cheveux. Moi je m'en fiche. D'ailleurs, à ce propos, en sortant il faudra que j'aille chez le coiffeur !

Quand je serai mort, je pense que j'aurai dit beaucoup de choses dans mes livres, j'espère qu'on les lira encore, même si je ne me fais pas trop d'illusion là-dessus. C'est ce qu'espèrent tous les artistes. Laisser une trace.

L'épitaphe ? Je ne sais pas. Quelque chose du genre : « On ne m'y prendra plus. » Parce que je n'aimerais pas recommencer. Pas comme ça, en tout cas. Je ne sais pas comment je recommencerais, autrement. Enfin peut-être que si : tout à l'heure je suis passé devant la boutique des tissus Canovas et je me suis dit : « Tiens, voilà un domaine qui m'aurait passionné. Les tissus imprimés. J'adore ça. Il y a un personnage que j'aime beaucoup, Mariano Fortuny, qui a fait venir des tissus de Venise. » Mais bon, ça, ce n'est pas pour cette vie. Je sais que je ne le ferai pas. Si je recommençais, ce serait donc tout à fait autre chose.

À cette période de ma vie, qui n'est pourtant pas exempte de difficultés, je me sens bien. Et ça ne fait pas si longtemps. Récemment, à la télévision, a été diffusée une séquence où j'avais trente ans. Je me regardais en me disant que j'étais malheureux à ce moment-là ! J'avais des problèmes de tout, de fric, sentimentaux, ma mère venait de mourir, j'étais mal dans ma peau… Aujourd'hui, je suis enfin en accord avec moi-même. C'est une période heureuse, je fais les choses avec facilité. J'ai des lecteurs. Je sais raconter des histoires. Je prends un sujet, je sais quoi faire avec. La maturité me va bien, je ne sais pas si c'est le cas pour tout le monde. Je vois beaucoup de gens jeunes qui arrivent assez vite à un succès, une reconnaissance, à un âge ou moi je ramais comme une bête. Je me dis qu'ils ont de la chance. Pour moi, tout est allé lentement. La maturité est un moment d'accomplissement, et j'aimerais bien que ça dure…

Remerciements

Toute ma gratitude à mes interlocuteurs d'avoir accepté de parler de ces moments intimes où la vie ne tient qu'à un fil. Ce sont des femmes et des hommes connus dont la vie est nimbée de réussite mais que le destin n'a pas pour autant épargnés. Ils ont dû surmonter des épreuves, la maladie, le deuil, la douleur. J'espère que leurs témoignages auront un écho sur votre existence personnelle.

Merci à mon éditeur Guillaume Robert pour notre collaboration complice.

Table des matières

N° d'édition : L.01ELKN000689.N001
Dépôt légal : mars 2018

Cet ouvrage a été mis en page par IGS-CP
à L'Isle-d'Espagnac (16)

Imprimé en France par CPI
en février 2018

N° d'impression : 145792